Sbriglio · Villas La Roche-Jeanneret

G000243573

Jacques Sbriglio

Le Corbusier: Les Villas La Roche-Jeanneret

Le Corbusier: The Villas La Roche-Jeanneret

Fondation Le Corbusier
Birkhäuser Verlag Basel · Boston · Berlin

Translation from French into English: Sarah Parsons

A CIP catalogue record for this book is available from the Library of Congress, Washington D.C., USA

Deutsche Bibliothek Cataloging-in-Publication Data

Le Corbusier: les villas La Roche-Jeanneret = Le Corbusier: the villas La Roche-Jeanneret /
Fondation Le Corbusier. Jacques Sbriglio. [Transl. from French into Engl.: Sarah Parsons].
- Basel ; Boston ; Berlin : Birkhäuser, 1997
ISBN 3-7643-5433-X (Basel…)
ISBN 0-8176-5433-X (Boston)

NE: Sbriglio, Jacques; Parsons, Sarah [Übers.]; Fondation Le Corbusier; Le Corbusier: the villas La
Roche-Jeanneret

© 1997 Birkhäuser – Verlag für Architektur, P.O.Box 133, CH-4010 Basel, Switzerland
© 1997 Fondation Le Corbusier, Paris

Printed on acid-free paper produced from chlorine-free pulp. TCF ∞
Printed in Germany

ISBN 3-7643-5433-X
ISBN 0-8176-5433-X

9 8 7 6 5 4 3 2 1

Foreword

"Once again, as beholders of the modern age, we are witness to the creation of architectural features that shall belong to posterity: the pilotis, the longitudinal window, the roof garden and the glass facade. *Yet it must be remembered that when the time comes,* we must learn how to fully appreciate what is available to us, and reject what we have learned before, so that we can pursue truths that inevitably arise from the use of new techniques and a new spirit created by the machine age".

Le Corbusier (1)

In his famous diagram entitled "les quatre compositions", published in 1929 in Volume 1 of his "Œuvre Complète", Le Corbusier portrays the Villas La Roche-Jeanneret in the following light: "belonging to a somewhat elegant, colourful and turbulent genre, they are nonetheless endowed with a certain structural order" (2). Le Corbusier made this comment after the completion of certain other projects following the Villas La Roche-Jeanneret, namely the Villa Stein de Monzie (1927), the two Villas Weissenhof Siedlung (1927), and the Villa Savoye (1929), the style of which could evoke the idea that they were created merely on an artistic whim. This would however be completely erroneous, and for this reason it would perhaps be interesting to begin by drawing on a comparison between the radical architectural style of the Villa Savoye and the more contextual style of the Villas La Roche-Jeanneret, since the former seems to be poles apart from the latter.

The Savoye villa marks the end of a particular phase of modern architecture; built in the shape of a superb abstract cube, facing all four points of the compass, it expresses a certain indifference to its surroundings. The Villas La Roche-Jeanneret however, seem to be a product of the site itself that allows for the constraints that accompany it. It must be remembered that the word "site" refers not only to the land and its features, but also to each of the contextual elements that lie at the very core of this piece of architecture; these include requirements as specified by the architectural

Avant-propos

«Voici, vivant à nouveau sous nos yeux modernes, des événements architecturaux de l'histoire: les pilotis, la fenêtre en longueur, le toit-jardin, la façade de verre. *Encore, faut-il savoir apprécier, quand l'heure sonne,* ce qui est à disposition et il faut savoir renoncer aux choses que l'on a apprises, pour poursuivre des vérités qui se développent fatalement autour des techniques nouvelles et à l'instigation d'un esprit neuf né du profond bouleversement de l'époque machiniste».

Le Corbusier (1)

Dans son célèbre schéma intitulé «les quatre compositions» et publié en 1929 dans le volume 1 de l'Œuvre Complète, Le Corbusier présente les villas La Roche-Jeanneret de la manière suivante : «genre plutôt facile, pittoresque, mouvementé, on peut toutefois le discipliner par classement et hiérarchie» (2). Ce jugement émis à postériori, une fois réalisés les autres projets, que sont la villa Stein de Monzie (1927), les deux maisons du Weissenhof Siedlung (1927) et la villa Savoye (1929) pourrait faire penser à un caprice d'artiste. Or il n'en est rien, et pour débuter ce guide, il est peut-être intéressant d'utiliser le jeu des comparaisons en opposant l'architecture radicale de la villa Savoye à celle plus contextuelle des villas La Roche-Jeanneret, tant les attendus de ces deux projets semblent aux antipodes l'un de l'autre.

Le premier marque l'aboutissement d'un certain état de l'architecture moderne, sous la forme d'un superbe cube abstrait, ouvert aux quatre horizons et quelque part indifférent au site qu'il occupe, quand le second naît, au contraire, du site dans lequel il s'inscrit, prenant en compte l'ensemble des contraintes qui l'accompagnent. Et il faut entendre ici, au travers du mot «site», non seulement le terrain et ses caractéristiques mais également tous les éléments du contexte comme la spécificité des programmes ou celle des clients, en l'occurrence le propre frère de Le Corbusier et sa famille et Raoul La Roche, jeune banquier riche et bientôt célèbre collectionneur.

plan and the clients, in this case on the one hand, Le Corbusier's own brother and family, and on the other, Raoul La Roche, a rich young banker, soon to be a famous art collector.

Hence with this project, begun just after that of the house/art studio for the painter Ozenfant (1922) and that of the Villa Besnus in Vaucresson (1922), C.E. Jeanneret, yet to take on the name Le Corbusier, and his cousin Pierre Jeanneret (3), were able to continue their exploration for a new architecture. This was made possible by the support they received from an enlightened clientele, some of whom were friends, others relations (4), but virtually all of whom belonged to that certain fringe of the Parisian bourgeoisie interested in avant-garde culture, whether architecture, painting or music. These new patrons included such personalities as Raoul La Roche, Dalsace, the Noailles family, the Stein de Monzie family and the Comtesse de Mandrot, to name but a few; their commissioning of various architectural projects (5) meant that they had placed total trust in their architects and were prepared to share in the perils of an adventure into the complete unknown.

As is often the case with Le Corbusier's work, the Villas La Roche-Jeanneret need to be interpreted on two different levels. Firstly, one must decipher those elements that promote the theory behind the work, set forth so carefully and painstakingly, both in the numerous texts he wrote, and in his realised and non-realised architectural projects.

Secondly, one must interpret how Le Corbusier put his theory into practice in this project, despite the constraints with which he was faced, thus producing an "original" form of architecture, without precedent in terms of style or model.

In the Villas La Roche-Jeanneret, one can see the key features of the modern architectural style that Le Corbusier was later to codify in 1927, and which he would entitle: "5 Points d'une Architecture Nouvelle" (The 5 Points of a New Architecture). Thanks to the genesis of his design, specific elements have also been introduced here, such as the "reversed layout plan"

Avec cette réalisation qui intervient juste après celles de la maison-atelier du peintre Ozenfant (1922) et de la villa Besnus à Vaucresson (1922), C.E. Jeanneret qui ne signe pas encore Le Corbusier et son cousin Pierre Jeanneret (3) continuent d'explorer les voies d'une nouvelle architecture. Et ce, grâce au soutien d'une clientèle éclairée, parfois amie et même parente (4), issue dans la plupart des cas de cette frange de la bourgeoisie parisienne qui a décidé d'investir le champ de la culture d'avant-garde, qu'il s'agisse d'architecture, de peinture, de musique etc... Ces nouveaux mécènes, auxquels appartiennent des personnalités comme Raoul La Roche mais également les Dalsace, les Noailles, les Stein de Monzie ou la Comtesse de Mandrot, pour ne citer que quelques noms, ont pour particularité d'avoir été à la base de la commande de projets d'architecture (5) dans un rapport de totale confiance avec leurs architectes, convaincus du fait de partager les risques d'une aventure totalement expérimentale.

Les villas La Roche-Jeanneret, comme souvent dans l'œuvre de Le Corbusier, requièrent pour être analysées une double grille de lecture. La première sert à décrypter ce qui dans son contenu relève d'une manière explicite de la théorie patiemment et inlassablement énoncée, que ce soit dans les nombreux écrits, ou dans les autres projets réalisés ou non.

La seconde a pour objet de révéler comment Le Corbusier adapte cette théorie aux conditions qui lui sont imposées dans le projet pour produire «in fine» une architecture «originale», à l'écart de toute question de style ou de modèle.

C'est ainsi que l'on va retrouver dans ce projet, l'essentiel des traits de l'architecture moderne, que Le Corbusier codifiera plus tard en 1927 et qu'il nommera les « 5 points d'une architecture nouvelle ». Mais on va également découvrir, dans la genèse de sa conception, l'apport d'éléments spécifiques, comme l'idée «du plan renversé» ou la théorie du «camouflage architectural», deux inventions parmi d'autres, représentatives de la pensée architecturale développée dans ces villas.

and the theory of "architectural camouflage", two inventions among others that serve to represent the theory that lies behind this project.

This work, aside from the message it conveys, reflects the exceptional saga that the Modern Movement represented at the beginning of the twentieth century. It therefore comes as no surprise that the research undertaken by Le Corbusier in the interrelated fields of urban planning, architecture, and interior design, should have crossed paths with the work also being carried out at that time by other architects from the French and European avant-garde movement.

It could thus be said that by rediscovering the Villas La Roche-Jeanneret and by examining the unusual background to their creation, we will to a certain extent be able to appraise the very roots of our own modernity.

Mais au delà de son message, cette architecture renvoie à l' épopée exceptionnelle que représente le Mouvement Moderne au début du XXeme siècle. Et de ce point de vue, il n'est pas étonnant que les recherches entreprises par Le Corbusier dans les domaines conjoints de l'urbanisme, de l'architecture et du mobilier, dont certaines vont connaître un début d'application avec la construction de ces villas, croisent d'autres travaux menés par d'autres architectes de l'avant-garde française ou européenne.

Ainsi redécouvrir aujourd'hui les villas La Roche-Jeanneret revient peut-être à interroger, au travers de leur histoire singulière, une part des origines de notre propre modernité.

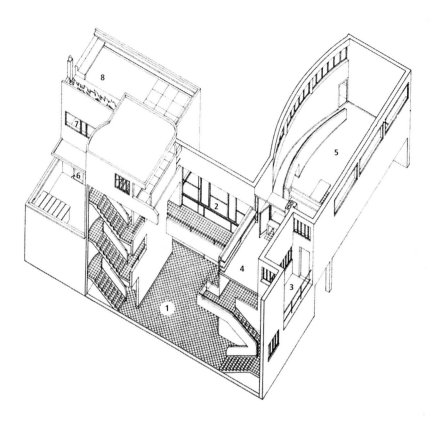

Villa La Roche: axonometry

1 – Entrance Hall
2 – Glass Wall
3 – South-East Balcony
4 – Library
5 – Art Gallery
6 – Dining Room
7 – Purist-Style Bedroom
8 – Roof Garden

Villa La Roche : axonométrie

1 – Hall d'entrée
2 – Pan de verre
3 – Balcon sud-est
4 – Bibliothèque
5 – Galerie de tableaux
6 – Salle à manger
7 – Chambre puriste
8 – Toit-jardin

An Orientation Guide
Parcours de Visite

Promenade architecturale

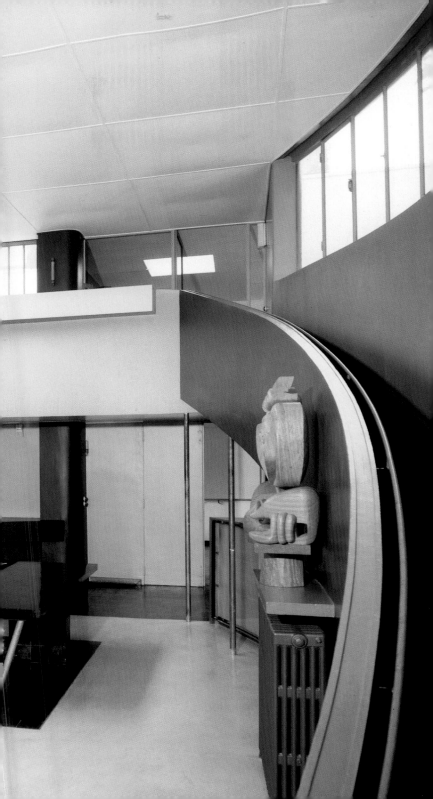

Facade Villa Jeanneret
Façade Villa Jeanneret

Facades of the Villas La Roche-Jeanneret
Façades villas La Roche-Jeanneret

Facade details
Solutions d'angle

Villa La Roche: view of the entrance
Villa La Roche : vue sur l'entrée

Villa La Roche: the art gallery
Villa La Roche : volume de la galerie de tableaux

Villa La Roche: entrance hall
Villa La Roche : hall d'entrée

Villa La Roche: view from the hall onto the staircase
Villa La Roche : vue du hall sur l'escalier

Villa La Roche: footbridge
Villa La Roche : passerelle

Villa La Roche: dining room
Villa La Roche : salle à manger

Villa La Roche: footbridge
Villa La Roche : passerelle

Villa La Roche: art gallery
Villa La Roche : galerie de tableaux

Villa La Roche: art gallery
Villa La Roche : galerie de tableaux

Villa La Roche: art gallery; modification plan, 1928
Villa La Roche : galerie de tableaux; projet de modification, 1928

The Site

The Villas La Roche-Jeanneret are located in Square du Docteur Blanche in the southern part of the XVIth district of Paris, near Porte d'Auteuil and Bois de Boulogne.

It was not until the beginning of the twentieth century that this section of the capital began to be built up. Urban residential areas gradually started to take the place of large private estates; a prime example of this, and the subject of this guide, is the park belonging to Docteur Blanche, within which Le Corbusier and Pierre Jeanneret built two houses during the years spanning 1923 and 1925.

In this quiet middle-class area the architecture varies from large old cut-stone investment properties to private residences boasting a range of different styles, such as Art Nouveau, Modern Style, or Art Deco, genres that all influenced French architecture during the first thirty years of this century. This area also houses artists' studios and several remarkable buildings dating from around the same time as the Villas La Roche-Jeanneret, constructed by celebrated architects such as Pol Abraham, Hector Guimard, Henri Sauvage, Rob Mallet Stevens, Pierre Patout, Jean Ginsberg and Urbain Cassan, to name but a few.

The residential area within which Square du Docteur Blanche is located is a trapezoid. Its outer limits are defined to the north-west as rue du Docteur Blanche, to the north-east as rue Henri Heine, to the south-east as rue Jasmin, and to the south-west as rue Raffet. Apart from the four buildings that nestle within the extreme sections of this area, the rest of the buildings were constructed around the same time as the Villas La Roche-Jeanneret; further on in this guide, in the chapter dealing with the background to the project, there is a description of the ongoing conflict surrounding the construction of these houses.

The entrance to the Villas La Roche-Jeanneret is well concealed. Seen from rue du Docteur Blanche, nothing hints at the site of the two houses (today the premises of the Fondation Le Corbusier) apart from a road sign. In order

Situation

Les villas La Roche-Jeanneret sont situées square du Docteur Blanche, dans la partie sud du XVIe arrondissement de Paris, près de la Porte d'Auteuil et du Bois de Boulogne.

C'est au début de ce siècle que l'urbanisation commence à se développer dans ce secteur de la capitale. Et ce, sur la trace de grandes propriétés qui vont, peu à peu, laisser la place à des lotissements urbains, à l'exemple du parc du Docteur Blanche à l'intérieur duquel vont être édifiées entre 1923 et 1925, par Le Corbusier et Pierre Jeanneret, les deux villas qui font l'objet de ce guide.

Dans ce quartier calme et bourgeois alternent des grands immeubles de rapport aux façades en pierre de taille, pour les plus anciens, avec des hôtels particuliers déclinant un véritable répertoire des styles, Art Nouveau, Modern Style, Art Déco... qui ont influencé l'architecture française au cours des trente premières années de ce siècle. On y trouve également des ateliers d'artistes et quelques bâtiments remarquables dont la date de construction précède ou suit de peu celle des villas La Roche-Jeanneret et qui sont dus à des architectes célèbres comme Pol Abraham, Hector Guimard, Henri Sauvage, Rob Mallet Stevens, Pierre Patout, Jean Ginsberg, Urbain Cassan etc...

L'îlot, à l'intérieur duquel est situé le square du Docteur Blanche, est de forme trapézoïdale. Il est délimité au nord-ouest par la rue du Docteur Blanche, au nord-est par la rue Henri Heine, au sud-est par la rue Jasmin et au sud-ouest par la rue Raffet. Si l'on excepte les quatre immeubles situés aux angles de cet îlot, le reste des constructions qui le compose est contemporain des villas La Roche-Jeanneret. On verra d'ailleurs dans le chapitre de ce guide, consacré à l'histoire du projet, comment l'édification de celui-ci va avoir lieu dans une confrontation permanente avec les intérêts des autres projets édifiés à l'entour.

L'accès aux villas La Roche-Jeanneret est confidentiel. Rien depuis la rue du Docteur Blanche, excepté un panneau indicateur, ne permet en effet de deviner où se situent ces villas, qui

to enter the site, one must pass through a wrought iron gate, beyond which lies a private path, heavily lined with trees and several dwellings. Following this path, the visitor then continues down a slight slope leading to the bottom of a square. Halfway down, the visitor's gaze is drawn to the front facade situated at the end. This facade is mainly opaque, and its weight is borne by a fragile pilotis. The pure whiteness of this facade contrasts sharply with those of its neighbouring constructions; suspended in mid-air, it forms part of a larger square-shaped area that makes up a parallel-epiped of the same whiteness. Here only one corbelled section, above the ground floor, breaks up the ordered appearance of the whole.

At this point the visitor stops, puzzled by the entrances to what Le Corbusier called a "double house". The two doors that provide access to what appears to be garages, and the two other more narrow doors take on the aspect of service entrances. Here the visitor is afforded two options: either to enter the Villa Jeanneret via the glazed section underneath the bow-window previously mentioned or to go through the white metal gate that fences off the path, then to fork off to the right towards the corner section that serves as the pivot between the two houses and which accommodates the double entrance door to the Villa La Roche.

The visit to the Villa La Roche (1) begins with its average-sized garden. At the end of this garden, or more precisely above it, is the art gallery designed by Le Corbusier to house the art collection of his friend Raoul La Roche. The tranquility of this area, now a car-free zone, contrasts with the hustle and bustle of the square below. It enables one to appreciate the quality of design of the Villas La Roche-Jeanneret; on this subject, Raoul La Roche, never one to withold a compliment from his architects, wrote: "Ah, you and Pierre hold the key to the secret of these prisms, for which I have searched in vain" (2).

From this small rectangular-shaped garden, dominated by a Virginia tree whose branches stretch out over the entrance gate, the visitor is free to contemplate the architecture of the building, wedged into its site. One's first impression could be that the architects' use of an

abritent aujourd'hui les locaux de la Fondation Le Corbusier. Pour y accéder, il faut passer un portail en fer forgé, au delà duquel une allée privée, largement arborée et bordée de part et d'autre de résidences diverses, descend en pente douce vers le fond d'un square. A mi-parcours, le regard est saisi par la présence frontale, en bout de cette allée, d'un volume relativement opaque, porté par un frêle pilotis et dont la façade galbée, à la blancheur immaculée, contraste avec ce que l'on peut saisir du caractère des architectures voisines.

Plus avant, on peut s'apercevoir que ce volume, en suspension, est partie prenante d'un ensemble plus vaste en équerre, sur la droite de l'allée, avec un parallélépipède d'une même blancheur et dont seule, une partie en encorbellement, au-dessus du-rez-de-chaussée, vient rompre l'ordonnance.

Parvenu à ce point, le visiteur s'interroge, tant le traitement des entrées de cette «maison-double», pour reprendre une appellation de Le Corbusier, relève de l'initiation. En effet, une fois repérées les deux portes donnant accès à ce qui semble être des garages, ainsi que deux autres portes, plus étroites, ressemblant à des portes de services, deux options s'offrent à lui. Soit entrer dans l'espace de la villa Jeanneret, par l'ensemble vitré situé sous le bow-window déjà mentionné. Soit passer la grille blanche du petit jardin qui clôture l'allée, avant de bifurquer sur sa droite, vers l'angle rentrant, qui sert d'articulation aux deux volumes principaux formés par ces deux villas et dans lequel se trouve la double porte d'entrée de la villa La Roche.

Ainsi le parcours de visite de la villa La Roche (1) commence par ce jardin aux dimensions modestes au fond duquel, ou plutôt au-dessus duquel, se trouve le volume de la galerie d'art conçu par Le Corbusier pour abriter la collection de son ami Raoul La Roche. Cet espace, qui n'est plus accessible au stationnement des véhicules, permet d'apprécier, à l'écart des allées et venues dans le square, la qualité plastique de l'architecture des villas la Roche-Jeanneret, à propos de laquelle Raoul La Roche, jamais avare d'un compliment envers ses architectes, pouvait écrire : « Ah, ces prismes, il faut croire que vous en avez le secret avec Pierre car je les cherche vainement ailleurs» (2).

L-shaped construction could only have been due to strict building regulations and unfavourable site conditions. It is only on site, when one looks closely, that one realises that this construction shape in fact springs from a range of ingenious inventions created by the architects; these were put to use in this project to overcome the problem of restricted views and at the same time to allow an almost transcendent light to penetrate the building.

The functional layout of the Villa La Roche is relatively simple. An entrance hall on the ground floor provides access to a guest room on the left. Adjoining this is a wash area, nestling into a small recess; to the right is a caretaker's apartment, leading directly onto a kitchen whose service hoist connects with a pantry area on the floor above. This in turn adjoins a garage opening onto the lane.

A staircase on the right of the entrance hall leads to the basement, housing a cellar, laundry room and boiler room. This staircase also provides access to the first floor via a footbridge that passes over the entrance area, leading to a dining room equipped with a pantry and to a small west-facing terrace.

Although today it is no longer possible to visit beyond this point of the villa, one should remember that this staircase originally continued up to the second floor to Raoul La Roche's bedroom, en-suite bathroom and dressing room, and then up to the third floor, leading out onto the roof garden.

A second staircase situated on the left when entering the hall offers two alternative means of access to the first floor. The first is via a footbridge parallel to the entrance facade that overhangs the hall; this footbridge links up to La Roche's apartment. The second is more direct and leads onto the gallery which in turn is connected by a ramp to the second floor housing the library.

It should be mentioned here that the purpose of this rather dry description serves merely to situate the visitor. Obviously, the architectural features of this villa need to be looked at in detail regarding each architectural space, since

Depuis ce petit jardin de forme rectangulaire, dominé par la verticale d'un virginia qui étend son branchage par delà la grille de l'entrée, le visiteur, en contemplant cette architecture bien calée sur sa parcelle, ne peut comprendre que ce sont des règles draconniennes d'édification ainsi que des conditions défavorables d'orientation, qui ont amené ses architectes à utiliser cette solution formelle d'une typologie en L. Seule une observation plus attentive et une visite des lieux peut lui dévoiler les trésors d'invention développés dans ce projet pour à la fois régler les problèmes de prospects et de vues mais également faire entrer d'une manière, d'ailleurs sublime, la lumière dans ce bâtiment.

L'organisation fonctionnelle de la villa La Roche est relativement simple.

Au rez-de-chaussée se trouve un hall d'entrée qui donne accès au même niveau sur la gauche, à une chambre d'amis à laquelle est associée, dans un petit contre-bas, un coin toilette et sur la droite à une loge de concierge en relation directe avec une cuisine dont le monte-plats permet de desservir un office situé à l'étage au-dessus et mitoyenne avec un garage accessible depuis l'allée.

Depuis ce hall d'entrée, un escalier situé sur la droite en entrant, permet d'une part d'atteindre un sous-sol où sont localisés une cave, une buanderie, une chaufferie; d'autre part, d'accéder au premier niveau par une passerelle qui surplombe l'espace d'entrée, à une salle à manger accompagnée de son office et d'une petite terrasse extérieure ouverte sur l'ouest.

Bien qu'aujourd'hui la visite s'arrête de ce côté-ci de la villa, il faut imaginer qu'à l'origine, ce même escalier se poursuivait au second niveau pour desservir la chambre de Raoul La Roche, accompagnée de sa salle de bains et d'une garde-robe, et au troisième niveau, pour permettre l'accès au toit-jardin.

Toujours depuis le hall, un autre escalier situé cette fois sur la gauche en entrant, permet d'accéder au premier niveau sur un dégagement d'où deux circuits sont possibles. Le premier, par l'intermédiaire d'une passerelle pa-

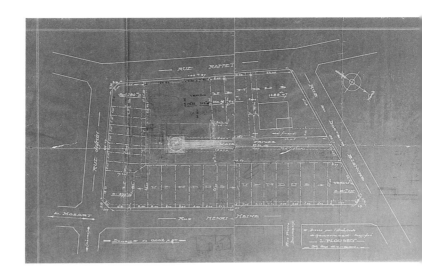

Layout plan
Plan d'implantation

Facades of the Villas La Roche-Jeanneret
Façades villas La Roche-Jeanneret

these are endowed with different functional flows brought together by an ordered layout allowing an endless variety of views, looking out from the interior towards the exterior and vice versa, somewhat as if the architecture of this building were contemplating its own structure and identity. As Le Corbusier wrote: "On entering, the visitor is immediately struck by the architectural show: following a mapped-out route, one discovers an entire world of different plays on perspective. Light floods in, brightening walls here and there, and creating shadows in other parts. The openings provide views out onto the exterior, which in turn offer an architectural unity" (3).

The Facades

The site of the Villas La Roche-Jeanneret is such that it is difficult to speak about their facades in the plural; they should in fact be referred to as one and the same facade, overlooking Square du Docteur Blanche. Today, some 70 years after the construction of these houses, one can only marvel at the aura of modernity radiating from this skilfully-designed facade. It exudes luminosity as well as clarity, precision and weightlessness: these are but a few of its many qualities.

Luminosity is radiated through the dazzling whiteness of the facade – a whiteness that is almost blindingly bright, a Mediterranean white, chosen by Le Corbusier for its purity and drawn from his trips to the heart of traditional architecture (4). This whiteness produces a harmony that also encompasses the green of the foliage and the blueness of the sky . "If the house is completely white, then this highlights the design of its various components. Likewise, different volumes are also immediately discernible, and the various colours take on strictly independent roles: the white of the chalk is absolute, everything stands out, appears as black and white, and in so doing represents openness and loyalty", wrote Le Corbusier (5).

The sharply-angled shape, bearing no decorative features, exudes clarity. Cornices and other mouldings typical of classical architec-

rallèle à la façade d'entrée et en encorbellement au-dessus du hall, rejoint l'appartement La Roche. Le second, plus direct, dessert la galerie depuis laquelle une rampe distribue le second niveau, où se trouve la bibliothèque.

La sècheresse de cette description ne remplit dans ce guide qu'une fonction de repérage. Il va de soi qu'il est nécessaire de décrire, espace après espace, les qualités architecturales de cette villa dont les différentes séquences fonctionnelles sont mises en synergie à partir d'une logique de parcours qui permet une multiplication des points de vues, depuis l'intérieur vers l'extérieur et vice versa, un peu comme si cette architecture se regardait sur elle-même. Comme l'écrit Le Corbusier : «On entre : le spectacle architectural s'offre de suite au regard; on suit un itinéraire et les perspectives se développent avec une grande variété; on joue avec l'afflux de lumière éclairant les murs ou créant des pénombres. Les baies ouvrent des perspectives sur l'extérieur où l'on retrouve l'unité architecturale» (3).

Les façades

L'implantation des villas La Roche-Jeanneret est telle qu'il est difficile, à leur propos, de parler de façades au pluriel, mais plutôt d'une seule et même façade, celle donnant sur le square du Docteur Blanche. Aujourd'hui, quelque 70 ans après l'édification de ces villas, la modernité qui se dégage de cette façade, savamment mise en œuvre, ne laisse pas d'étonner. Luminosité mais également netteté, exactitude et légèreté, voilà quelques qualificatifs parmi beaucoup d'autres, qui peuvent lui être attribués.

Luminosité d'abord, avec cette présence du blanc, presque à la limite de la saturation, un blanc méditerranéen, retenu par Le Corbusier pour sa pureté originelle, entrevue au cours de quelques voyages au cœur de l'architecture traditionnelle (4). Un blanc qui installe ici une harmonie dont le vert des feuillages et le bleu du ciel ne sont pas absents. «Si la maison est toute blanche, le dessin des choses s'y détache sans transgression possible; le volume des choses y apparaît nettement; la couleur des

Villa La Roche: view of the large glass wall
Villa La Roche : vue sur le grand pan de verre

ture are nowhere to be seen. In this facade the architecture is laid bare. Nothing must detract from the impression created by its proportions. The profiles of the mouldings have changed scale. It is no longer simply the facade wall that is sculpted, but rather the entire building. The overhang created by the bow-window, the recess of the hall and the curved volume of the gallery all contrast with the silent smoothness of this facade.

Its precision is even more striking if one refers to Le Corbusier's speeches on the "lesson of the machine". This precision is expressed through the design of the metal doors and windows so carefully positioned on the bare exterior of the facade. It is also given expression through the metalwork, some of which evokes the world of "mass production". The constructive logic that lies behind the building reflects precision, as in the words of Le Corbusier, which although not directly applied to the conception of the facade of the Villas La Roche-Jeanneret, do indicate the design principles they foreshadow: "Studying my sample cross-section, I can see facades reduced to several strips of concrete measuring 30 cm. in height. Let us go beyond this! From flat bars we shall hang vertical sections of iron, placed in an upright position 25 centimetres in front of these strips of concrete. And crosswise, either outside or inside, we shall place horizontal sections of iron at distances proportionately spaced in relation to the glass. Thus a 'glass wall' is created. The facade is a glass wall. But, since there is no need for all four sides of the house to be in glass, I will not only construct glass walls, but also stone walls (in veneer, brick, cement and so on), and walls with openings (small windows or glazed sections) like portholes in the stone sides of the building" (6).

The impression of weightlessness is achieved not only by the use of the pilotis, which lightens the volume of the gallery, but also by the elegance of the exposed components of the building, whether these be concrete mullions cutting the longitudinal window vertically, profiles of the umber-coloured doors and windows, or the role played by the glazed surfaces, whose reflections contribute to the intangible, abstract character of the facade.

choses y est catégorique. Le blanc de chaux est absolu, tout s'y détache, s'y écrit absolument, noir sur blanc; c'est franc et loyal» écrit Le Corbusier (5).

Netteté ensuite, avec un découpage sans fioritures, aux angles acérés. Disparues la corniche et autres moulures issues de l'architecture classique dans cette façade, l'architecture est nue. Rien ne doit venir altérer la perception de ses proportions. La modénature, fortement présente, a changé d'échelle. Ce n'est plus le mur de façade qui est sculpté, c'est le projet tout entier. Volume saillant du bow-window, échancrure du hall, galbe du volume de la galerie sont autant d'éléments qui contrastent avec le lisse silencieux de cette façade.

Exactitude également, d'autant plus évidente à décrypter, si l'on s'en réfère aux discours de Le Corbusier portant sur «la leçon de la machine». Exactitude dans le dessin des menuiseries métalliques soigneusement posées au nu extérieur de la façade. Exactitude dans le dessin des serrureries qui évoque d'ailleurs le monde de «l'usine». Exactitude dans la pensée constructive, à l'image de cette description donnée par Le Corbusier qui, si elle ne s'applique pas directement à la conception de la façade des villas La Roche-Jeanneret, relève de principes qu'elle préfigure : «L'examen de ma coupe-symbole me montre des façades ramenées à quelques bandes de béton de 30 cm de hauteur. Eh bien, passons outre, passons au-devant! Nous allons accrocher à 25 centimètres en avant de ces bandeaux de béton, au moyen de consoles en fer plat, des ferrailles verticales bien dressées, bien d'aplomb. Et en travers, au dehors ou au dedans, des ferrailles horizontales à des distances bien proportionnées aux verres et aux glaces disponibles dans le commerce. Voici donc au-devant des façades ‹un pan de verre›. La façade est un pan de verre. Mais, comme il n'y a nul besoin à ce que les quatre faces de la maison soient de verre, je construirai des pans de verre, des pans de pierre (placage, briques, produits artificiels de ciment ou autres) et des pans mixtes (petites fenêtres ou vitrages) clairsemés comme des hublots dans les pans de pierre» (6).

Villa La Roche: the gallery
Villa La Roche: view of the entrance door and
the space under the gallery

Villa La Roche : volume de la galerie
Villa La Roche : vues sur la porte d'entrée et
l'espace sous la galerie

Three major construction shapes enabled the creation of the facade, a facade which in contrast to functional doctrines, does not literally take into account those spaces that it houses. The layout of the first floor of these houses clearly shows this – here, behind one longitudinal window, the dining room of the La Roche villa and the bedrooms of the Jeanneret villa are situated side by side on the same level.

The first of these construction shapes is a large rectangle measuring 16.70 m in length by 10 m in height. This is cut by a longitudinal window running from one end of the rectangle to the other, and whose height is equal to that of the first floor of the Villas La Roche-Jeanneret.

This horizontal window is contrasted on the right by a vertical component, namely a large bow-window, that almost appears to be out of proportion to the rest of the facade. This window, placed in an overhanging position, stops just above the ground floor, due to building regulations relating to the site.

Four square-shaped openings, which at first glance could appear to be irregularly positioned, crown the upper section of this large rectangle. The lower section is connected to the road by a symmetrical series of openings: garages, service entrances and sashes, allowing light to penetrate the caretaker's apartment.

This latter design element, standing in total opposition to the preceding features, is revealed thanks to an imaginary symmetrical axis hidden behind the facade – the party wall separating the two houses.

The second construction shape, set slightly back from the preceding one, is a rectangle measuring 4.90 m in width by 8 m in height. Its surface is covered with a large glass wall, centred vertically on the double entrance door to the Villa La Roche and horizontally on the above-mentioned longitudinal window. This glass wall, like the one that forms the entrance to the Villa Jeanneret, is divided into sections by a set of doors and windows, whose vertical and horizontal jambs follow the same align-

Légèreté enfin, non seulement à cause de la présence du pilotis, qui met en apesanteur le volume de la galerie, mais également de par la finesse des éléments mis en œuvre, qu'il s'agisse des meneaux de béton découpant verticalement la fenêtre en longueur, des profils des menuiseries couleur terre d'ombre, ou du rôle tenu par les surfaces vitrées, dont le reflet contribue au caractère immatériel et finalement abstrait de cette façade.

Trois séquences organisent le développé de cette façade qui, en contradiction avec les doctrines fonctionnalistes, ne rend pas compte d'une manière littérale, des espaces qu'il abrite (comme le montre par exemple l'organisation du premier niveau de ces villas où, derrière la même fenêtre en longueur, coexistent sur un même plan la salle à manger de la villa La Roche et les chambres de la villa Jeanneret).

La première de ces séquences est un grand rectangle de 16 m 70 de longueur par 10 m de hauteur, qui est recoupé longitudinalement, par une fenêtre en longueur courant d'un bord à l'autre de cette séquence, à une altitude correspondant au premier niveau des villas La Roche-Jeanneret.

A ce premier élément de composition dans lequel l'horizontale domine, est opposé sur la droite, un élément vertical, presque en déséquilibre, représenté par un grand bow-window. Ce dernier, posé en porte à faux, s'interrompt au-dessus du rez-de-chaussée pour des raisons de règle non aedificandi, liées à la parcelle.

Quatre ouvertures carrées, non équidistantes, comme pourrait le laisser supposer un regard rapide, couronnent la composition de cette séquence dans sa partie haute.
Tandis que dans sa partie basse, le rapport à la rue est réglé par une organisation symétrique des ouvertures correspondant aux garages, entrées de services et châssis éclairant les loges des concierges.

Ce dernier élément de composition en opposition totale avec les précédents est mis en œuvre à partir d'un axe de symétrie fictif, dissimulé derrière l'enveloppe de la façade et qui correspond au mur mitoyen qui sépare les deux villas.

ments as the openings situated both below and alongside the wall.

The above feature is apparent in the whole facade of the Villas La Roche-Jeanneret. For example, merely an initial sweeping glance is enough to note that the lower and upper edges of the longitudinal window spring forth from the bow-window of the Villa Jeanneret, continue along the main section of the glass wall of the Villa La Roche, run along the square sashes of the gallery facade, and end in the lintel of the vertical opening and the spandrel of the small cube-shaped balcony to the left of the gallery.

The third and final construction shape is a rectangle, mainly opaque, measuring 10.90 m in length and 8 m in height. The lower section of this rectangle is hollowed out by the incorporation of a pilotis and three openings: a square window on the right, on the left a vertical French window opening out onto a small balcony, and a longitudinal window underneath the roof terrace.

This evolute described above continues well beyond the rectangular section – indeed it stretches out across the whole of the house. However, the visitor is unable to fully appreciate its entire effect, since especially on the south-west facade, and except for the recess of this facade to the right of the small first floor courtyard, it is pressed against the party wall separating the Villas La Roche-Jeanneret from their neighbouring lots of land, thus remaining invisible to the eye.

Regarding the visible parts, these can be described as follows: on the upper section of the rear facade of the gallery is the same longitudinal window (apart from its finishings) as the one on the opposite facade. Three different-sized openings are incorporated into the lower part near the loggia that forms a recess for the facade.

On the first floor, along the courtyard that links the two houses, the evolute of the facade becomes U-shaped, and is characterised by both infilled and openwork sections. On the second floor however, the theme of the longitudinal

La deuxième séquence, située en retrait par rapport à la précédente, est un rectangle de 4 m 90 de large par 8 m de haut, dont la surface est occupée par un grand pan de verre axé verticalement sur la double porte d'entrée dans la villa La Roche et horizontalement sur la fenêtre en longueur déjà décrite dans la première séquence. Ce pan de verre, comme celui qui marque l'entrée dans la villa Jeanneret, est recoupé par un jeu de menuiseries dont les montants verticaux et horizontaux reprennent les alignements des ouvertures situées soit en-dessous, soit à côté.

Il est à noter que cette logique sous-tend toute la lecture de la composition de la façade des villas La Roche-Jeanneret. Il suffit de balayer du regard cette façade pour s'apercevoir par exemple que les lignes inférieures et supérieures de la fenêtre en longueur, prennent naissance dans le bow-window de la villa Jeanneret, se poursuivent dans la partie centrale du pan de verre de la villa La Roche, passent par le chassis carré qui ponctue la façade du volume de la galerie, et se terminent avec le linteau de l'ouverture verticale et l'allège du petit balcon cubique, situés sur la gauche de ce même volume.

La troisième et dernière séquence est un rectangle relativement opaque de 10 m 90 de longueur et de 8 m de hauteur, vidé dans sa partie basse par l'emploi d'un pilotis et percé de trois ouvertures : sur la droite un châssis carré, sur la gauche une porte-fenêtre verticale ouvrant sur un petit balcon et sous la ligne de la toiture-terrasse, une fenêtre en longueur .

Ce développé se poursuit, au-delà de la partie en équerre décrite ci-dessus, sur la totalité du périmètre de la maison. Toutefois le visiteur est dans l'impossibilité d'en saisir tous les aspects dans la mesure où notamment sur sa façade sud-ouest (si l'on excepte le retrait de cette façade au droit de la courette du premier étage), ce développé appuyé sur le mur mitoyen séparant les villas la Roche-Jeanneret des parcelles voisines, est inaccessible.

Pour les parties visibles, on va retrouver sur la façade arrière du volume de la galerie, en partie haute, la même fenêtre en longueur, (au

window is taken up once again, and is only interrupted by the curve of the external wall of the staircase leading to La Roche's apartment.

In conclusion, it can be said that the main role of the facades of the Villas La Roche-Jeanneret is to ensure a veritable osmosis between these two buildings, thus making it impossible for either of them to be independent from one another. In a skilfully-designed architectural creation, drawing on a design concept that creates both symmetries and dissymetries, Le Corbusier has managed to achieve a unity that is astonishing when one considers the differences in the architectural components and programmes, the constraints linked to the features of the site, and the building regulations that had to be applied.

The Entrance Hall

The entrance hall is the pivot of this construction: a truly spatial hinge around which the space making up the different sections of the Villa La Roche is distributed.

The visitor passes through the metal door that opens onto the garden, struck by the austere simplicity of the umber-coloured opaque panels. This leads to the hall, and opposite, three floors high, stands a large white wall; the height of this wall stands in sharp contrast to the somewhat low entrance area, compressed by the footbridge above.

On the visitor's right is an inner wall, of the same height as the above-mentioned wall. As it is transparent it allows glimpses of what appears to be a hidden staircase, whose presence is revealed by landings lit by clear glass windows. On the visitor's left, another white wall, again of the same height, stretches out, but its surface is abruptly broken up on the first floor by the overhang of a small balcony, resembling a church pulpit or a rostrum. To the right of this wall, set slightly back, is a double flight of stairs, this time completely visible, with black steps that stand out sharply against the white floor of the hall, whose form resembles some huge monochrome cube.

dessin des menuiseries près) que celle de la façade opposée, accompagnée de trois percements de formats différents disposés en partie basse, à proximité de la loggia qui marque le retrait de cette façade à cet endroit.

Au premier niveau, sur la courette reliant les deux villas, le développé de façade en forme de U alterne parties pleines et parties ouvrantes tandis qu'au second niveau, est repris le registre de la fenêtre en longueur, seulement interrompu par la courbe du mur extérieur de l'escalier qui dessert l'appartement La Roche.

En définitive, on retiendra des façades des villas La Roche-Jeanneret qu'elles ont comme fonction principale d'assurer une véritable osmose entre ces deux villas, rendant ainsi leur autonomie impossible. Dans une composition architecturale d'une grande maîtrise, Le Corbusier parvient, en jouant à la fois de la symétrie et de la dissymétrie à une étonnante unité, eu égard à l'hétérogénéité des composantes, programmes, règlements, terrain etc... qui la sous-tendent.

Le hall d'entrée

Le hall d'entrée est le centre de gravité de cette architecture. Véritable articulation spatiale, c'est lui qui vient distribuer l'ensemble des espaces qui composent la villa La Roche.

A peine passé la porte métallique ouvrant sur le jardin et dont les panneaux opaques, peints couleur terre d'ombre, étonnent par leur austère simplicité, le visiteur découvre le hall. Face à lui, s'élève sur trois niveaux la frontalité d'un grand mur blanc dont la hauteur contraste fortement avec celle, relativement faible, de l'espace d'entrée, comprimée par la présence de la passerelle située au-dessus.

Sur sa droite, une paroi découpée en à-plat, de la même hauteur que le mur précédent, laisse voir par transparence ce qui semble être un escalier dérobé, dont les paliers éclairés par des fenêtres aux verres translucides soulignent la présence. Sur sa gauche, un autre mur blanc toujours de la même hauteur, développe sa surface, qui est violemment interrompue au premier niveau, par l'avancée d'un petit balcon,

Villa La Roche: view from the hall onto the staircase leading to the apartment
Villa La Roche: hall and footbridge
Villa La Roche: hall and staircase

Villa La Roche : vue du hall sur escalier menant à l'appartement
Villa La Roche : hall et passerelle
Villa La Roche : hall et escalier

A soft, almost unreal light filters in from behind and above through a huge glass wall fitted into the entrance facade on the level of
the first floor. No opening onto the exterior is
directly visible from this spot, thus accentuat-
ing the "unreal" effect. Instead, the visitor's
startled gaze is drawn upwards, towards another, much harsher light shed by a skylight
situated right at the top of the hall underneath
the roof and which acts as a huge spotlight.
Later the visitor will realise that this also
serves to light the library.

Two doors, on both the left and right of the
entrance area, seem to indicate that there are
rooms to visit, but in fact, it is the staircase on
the left that entices the visitor to explore further. Perhaps this is because of the balcony,
which offers the inviting prospect of plunging
views down onto the area that the visitor has
just crossed. The visitor accepts the invitation,
and goes up to the first floor, arriving at a sort
of wide passageway that leads to the small
balcony overlooking the entrance. At this point
if one turns round, and looks through the
glass wall on the right, one is afforded views
of the exterior for the first time since entering
the villa: and what a view it is! Not only can
the visitor look out on the greenery of the
trees in the square, but by looking to the side
he can also glimpse the curved shape of the
gallery nearby.

From this point on, we become aware that the
architect of this villa has created a whole series of strategies to guide the visitor, and that
throughout our "architectural promenade" we
will gradually begin to comprehend the style
of the architecture and come to fully appreciate the skilful way in which space and light
have been employed.

Although the footbridge attracts the visitor's
attention on the left, he continues this promenade by passing through the double doors at
the end of this passageway, and thus enters
the longitudinal space making up the art gallery. On the right there is a small fireplace,
whose shape and colours clearly recall Le
Corbusier's own design work. On the left, a
square-shaped window once again provides
views of the exterior and allows one to

identifiable à une chaire d'église ou à une tri-
bune. A droite de ce mur, en retrait, apparaît un
escalier à double volée, visible cette fois, dont
les emmarchements de couleur noire, tranchent
avec la couleur blanche du sol de ce hall, qui
n'est en définitive qu'un grand cube monochrome.

La lumière douce, comme irréelle, provient de
l'arrière et de dessus, par un grand pan vitré
pratiqué dans la façade d'entrée, au niveau du
premier étage. Cette impression d'irréalité est
renforcée du fait qu'aucune ouverture donnant
sur l'extérieur n'est visible directement depuis
cet endroit. Etonné, le regard est alors attiré
vers le haut par une autre lumière, plus crue
que la précédente, distribuée un peu à la manière d'un grand spot, par un lanterneau situé
tout en haut du volume du hall directement
sous la toiture et dont le visiteur comprendra
plus tard qu'il éclaire la bibliothèque.

Situées à droite et à gauche de l'espace d'entrée, deux portes semblent indiquer qu'il y a là
des pièces à visiter, mais de toute évidence
c'est l'escalier situé sur la gauche qui invite à
la promenade, peut-être à cause de la présence du balcon qui permet d'augurer de la
possibilité d'une vue plongeante sur l'espace
que l'on vient de parcourir. Passé à l'acte, le visiteur accède au premier niveau sur une sorte
de large dégagement à partir duquel il peut
effectivement rejoindre le petit balcon qui surplombe l'entrée et, par un effet de retournement, il retrouve enfin, par le grand pan vitré
situé sur la droite, la vue sur l'extérieur qu'il
avait perdue, depuis son entrée dans cette
villa. Quel spectacle cette vue, donnant sur les
frondaisons des arbres du square, et permettant également d'apercevoir, par un regard la-
téral, le galbe de la façade de la galerie toute
proche.

Désormais, le visiteur comprend que l'architecte
lui a réservé, dans cette villa, toute une série de
stratagèmes pour le guider dans sa promenade
qu'il va découvrir au fur et à mesure de sa déambulation, prenant ainsi conscience de la nature
de l'architecture, à savoir une mise en œuvre savante de l'espace et de la lumière autour des activités quotidiennes, fussent-elles spécifiques
comme ici, celles d'une maison-galerie.

glimpse the dining room of this villa, even though the latter is on the opposite side.

The Gallery

The entrance to the gallery is the second largest area after the hall, yet arouses quite different emotions in the visitor. The whiteness has disappeared, yielding to an invigorating palette of colour: burnt umber, clear blue, and dark grey, skilfully applied to the walls.

From this entrance stretches forth a long spatial area, its form initiating the flow of movement that propels the visitor down the whole length of the picture rails, a sense of flow that is heightened by the ramp providing access to the second floor.

Light suffuses the visitor, evenly distributed via the two longitudinal windows set high up; depending on the time of day, these windows diffuse a different type of light: in the morning a cold light creeps in, whereas in the afternoon golden light bathes the whole area. This change in light bears a significant impact on the way in which the visitor perceives this particular space.

Set in the centre, along the longitudinal axis of this gallery (with its rose-coloured linoleum floor), stands a rectangular table with a black marble top. To the side, a bookcase occupies the empty space underneath the access ramp leading to the next floor.

A small alcove is set in the corner along the back wall, lit from behind by the daylight that shines through a frosted glass window; today this alcove acts as a kind of showcase in which are displayed various different "poetic" objects: a cellular brick, a pebble, arrays of shells, and so forth.

When walking up the ramp, whose curved form coils into that of the facade supporting it, the visitor is confronted with a new spatial experience. All along this journey upwards, as was the case in the hall, one is afforded plunging views below, or looking up, one can clearly make out the layout of the upper section of the roof garden.

Bien que la présence d'une passerelle l'attire sur sa gauche, le visiteur continue sa flânerie en passant la double porte située au fond de ce dégagement pour pénétrer dans l'espace longitudinal de la galerie de peinture. Sur sa droite se trouve une petite cheminée dont la forme et les couleurs ne sont pas sans réminiscence avec ce qu'il connaît ou ce qu'il va découvrir du travail plastique de Le Corbusier. Sur sa gauche, une fenêtre carrée offre à nouveau une vue sur l'extérieur, qui permet par transparence, d'apercevoir le volume de la salle à manger de cette villa, pourtant situé à l'opposé de son parcours.

La galerie

L'arrivée dans la galerie, second espace majeur de cette visite, produit un sentiment différent de celui ressenti dans le hall. D'abord la polychromie, avec le blanc qui cède ici la place à une palette tonique dont les couleurs, terre d'ombre brûlée, bleu-clair, gris foncé, sont savamment réparties en fonction des parois qui les supportent.

Ensuite l'espace tout en longueur dont la forme introduit le mouvement qui accompagne le visiteur le long des cimaises. Un mouvement qui s'amplifie avec la présence de la rampe qui permet d'accéder au second niveau.

Enfin la lumière, équilibrée grâce à l'apport respectif et coordonné des deux fenêtres en longueur situées en position haute et qui, selon les heures du jour, diffusent une lumière changeante, froide le matin, plus dorée l'après-midi et qui modifie d'une manière substantielle, les différentes perceptions que l'on peut avoir de cet espace.

Positionnée sur l'axe longitudinal de cette galerie, dont le sol est recouvert de linoléum rose, une table rectangulaire au plateau de marbre noir occupe le centre de cet espace. Sur le côté, un meuble bibliothèque prend sa place dans le vide ménagé sous la rampe d'accès qui conduit à l'étage au-dessus.

Sur le mur du fond, une petite niche située dans l'angle, éclairée par derrière, grâce à la lumière du jour venant se diffuser à travers un verre dé-

A mezzanine forms the top of this ramp, over-hanging the gallery. The library can be seen through a glazed inner wall with a fireplace built into it.

The Library

The library, the last area to be visited in this first "tour", was designed as a place of medi-tation and retreat. It is inaccessible from other parts of the house, except from those areas described above. The visitor spots the same lamp that he saw two floors below. As a con-trast to this artificial zenithal light, natural light penetrates a side opening that is once again set behind the space it is intended to brighten. A bookcase acts as a parapet here, and restricts views down on to the empty space of the hall. On the other hand, a last glimpse of the foliage of the trees can be seen through the upper section of the large glass wall.

The Apartment

Returning to the hall, the visitor can now fol-low the second "route" leading to the dining room, the only part of Raoul La Roche's apart-ment that can be visited today.

This dining room is on the first floor and is di-rectly accessible from the areas described above, via the footbridge spanning the length of the large glass wall. It is rectangular and is bathed in a soft light, the source of which is a longitudinal window taking up a whole side of the room. The black tiling of the floor, identical to that of the footbridge leading to the gallery, stands out sharply against the salmon pink colour of the walls and ceiling. Three lamps, fitted vertically into the ceiling, and consisting of a single tube with a naked lightbulb at one end, evoke a style that one might consider typical of La Roche's apartment: a purist inte-rior without any fancy touches – a bachelor's apartment for a man who, torn between his professional responsibilities and his love of art, paid little attention to creature comforts.

poli, sert aujourd'hui de vitrine pour présenter différents objets «à réaction poétique» : une bri-que alvéolaire, un galet, des coquillages etc...

En empruntant la rampe, dont la courbure vient se lover dans celle de la façade contre la-quelle elle s'appuie, le visiteur est confronté à une nouvelle expérience spatiale. Au fur et à mesure de la montée, il peut en effet se livrer, comme dans le hall, au vertige du regard plon-geant ou, levant la tête, apercevoir en transpa-rence les aménagements des superstructures du toit-jardin qui se dévoilent.
L'arrivée en haut de la rampe se fait sur une mezzanine qui surplombe l'espace de la gale-rie. Une paroi vitrée dans laquelle est incorpo-rée une nouvelle cheminée permet d'aperce-voir de là, l'espace de la bibliothèque.

La bibliothèque

Terme de ce premier parcours, la bibliothèque est conçue comme un lieu de méditation et de retrait sans autres moyens de communication avec les autres espaces de la maison que le parcours qui vient d'être décrit. Ici le visiteur retrouve le lanterneau qu'il avait aperçu deux étages plus bas. A cette lumière zénithale est opposée une lumière naturelle provenant d'une ouverture latérale, positionnée une nou-velle fois en arrière de l'espace qu'elle est chargée d'éclairer. Un meuble-bibliothèque sert de parapet et limite le regard sur le vide du hall. Tandis que par la partie haute du grand pan de verre apparaissent une dernière fois les frondaisons des arbres.

L'appartement

Retourné dans le hall, le visiteur peut emprun-ter le second parcours qui permet d'accéder à la partie visitable de l'appartement de Raoul La Roche : la salle à manger.

Située au premier niveau et en relation directe par la passerelle longeant le grand pan de verre avec les espaces décrits précédemment, cette salle à manger de forme rectangulaire est baignée d'une lumière douce provenant de la fenêtre en longueur qui occupe la totalité

Villa La Roche: gallery
Villa La Roche: gallery
Villa La Roche: dining room

Villa La Roche : galerie
Villa La Roche : galerie
Villa La Roche : salle à manger

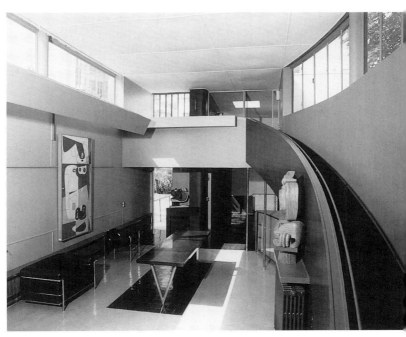

Having passed this dining room, the visit ends with a small terrace that today acts as a link between both houses. This terrace serves solely to provide views of the landscape below, and to enable light to penetrate the houses from the west. Here Le Corbusier offers us one last small piece of architecture: two elements, composed firstly of the square shape created by the party walls, and secondly the stone flag that protects the two entrance doors to the villas.

d'une de ses faces. Au sol, un carrelage noir, identique à celui de la passerelle menant à la galerie, contraste avec le rose saumon qui recouvre les murs et le plafond. Trois luminaires, fichés à la verticale dans ce plafond et constitués d'un simple tube terminé par une ampoule nue, sont à l'image de ce que l'on peut imaginer de l'ambiance générale de l'appartement de Raoul La Roche : un intérieur puriste, sans fioritures pour un célibataire qui, partagé entre ses responsabilités professionnelles et son amour de l'art, ne consacrait que peu d'attention à la vie domestique.

Depuis cette salle à manger, la visite se termine par une petite terrasse. Sur cet espace secondaire, sans enjeu particulier autre que d'ouvrir des vues et de faire pénétrer la lumière de l'ouest dans la partie arrière de ces villas, Le Corbusier nous livre un dernier petit morceau d'architecture. Celui-ci concerne la mise en scène, sur cette terrasse, des deux éléments formés par l'équerre des murs séparatifs et la dalette qui sert de protection aux deux portes d'entrée de ces villas.

Villa La Roche: first floor, balcony and
  footbridge leading to the gallery
Villas La Roche-Janneret: current state,
  inner courtyard

Villa La Roche : premier niveau, balcon et
  passerelle menant à la galerie
Villas La Roche-Jeanneret : état actuel,
  courette intérieure

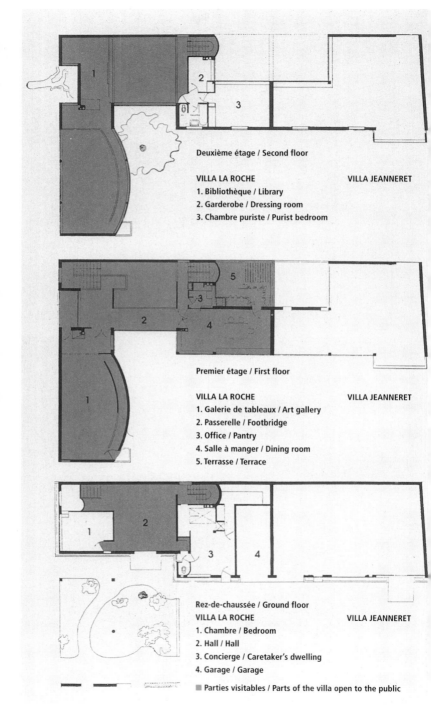

Deuxième étage / Second floor

VILLA LA ROCHE **VILLA JEANNERET**

1. Bibliothèque / Library
2. Garderobe / Dressing room
3. Chambre puriste / Purist bedroom

Premier étage / First floor

VILLA LA ROCHE **VILLA JEANNERET**

1. Galerie de tableaux / Art gallery
2. Passerelle / Footbridge
3. Office / Pantry
4. Salle à manger / Dining room
5. Terrasse / Terrace

Rez-de-chaussée / Ground floor
VILLA LA ROCHE **VILLA JEANNERET**

1. Chambre / Bedroom
2. Hall / Hall
3. Concierge / Caretaker's dwelling
4. Garage / Garage

■ Parties visitables / Parts of the villa open to the public

The Project's History
Histoire d'un Projet

Creating a Residential Area

At the beginning of the twenties Le Corbusier, having left his native Switzerland for Paris, was involved in many different fields of activity; and so it was that he took on the role of architect-theoretician, businessman, founder of a journal, writer, painter, and many other things besides. He did this in order to equip himself with the financial and intellectual means required to rapidly win a name for himself as an architect; having achieved this, he could thus enter the circles of the Parisian avant-garde, which he considered to be his best springboard to international recognition.

Setting aside for the moment the Swiss circle in Paris, which as we shall later see played an important role for Le Corbusier in this project, the architect's professional connections at the time of the construction of the Villas La Roche-Jeanneret were still rather minimal, as was the work he had up until then carried out, especially considering he was an architect well into his thirties. In Paris however, like many of his fellow-architects, Le Corbusier launched himself into projects at the earliest stage possible by seeking out building plots that could lead to project commissions. As his famous "notebooks" reveal, estate agents and banks constituted his business contacts. One of these was Banque Immobilière de Paris whose manager, Mr. Esnault, was put in contact with Le Corbusier.

Having been informed that this particular bank owned a number of building plots in Auteuil that were going to be sold off, Le Corbusier saw a real opportunity to put his theories into practice. He therefore put forward a proposal to Banque Immobilière de Paris based on the idea of an experimental housing estate designed for an "enlightened" clientèle; this would require active involvement and contribution to the development of a new form of architecture, several examples of which could already be seen to be emerging in France and other European countries.

In this particular undertaking, Le Corbusier was concerned more with the question of urban dimension than with treating pieces of architecture as individual objects. He carried out

Construire une rue

En ce début des années 20, Le Corbusier, installé depuis peu à Paris, décidé à y réussir après son départ de la Suisse natale travaille sur plusieurs fronts à la fois : architecte, théoricien, entrepreneur, fondateur de revue, écrivain, peintre etc... Tous ces différents métiers ne concourent chez lui qu'à un seul but : se donner les moyens matériels et intellectuels pour acquérir, au plus vite, la notoriété qui lui permettra de s'imposer, en tant qu'architecte, dans les milieux de cette avant-garde parisienne, dont il pressent qu'elle est le plus sûr tremplin vers une reconnaissance internationale.

Si l'on excepte le réseau «suisse», dont on verra plus loin qu'il va jouer un rôle non négligeable au regard du projet qui nous intéresse ici, force est de constater que les relations de Le Corbusier sont encore assez minces et que ses réalisations, pour un architecte ayant largement dépassé la trentaine, le sont tout autant. Comme bon nombre de ses confrères, c'est en intervenant le plus en amont possible, par la recherche de terrains à bâtir, susceptibles d'entrainer une commande, que Le Corbusier œuvre. Ses contacts, comme en témoignent ses fameux «carnets», sont alors les marchands de biens ou les banques. Parmi ces dernières se trouve la Banque Immobilière de Paris dont le directeur, un certain Monsieur Esnault, a été mis en relation avec Le Corbusier.

Informé du fait que cette banque possède des terrains constructibles à Auteuil et que ceux-ci vont être lotis, Le Corbusier entrevoit la possibilité de mettre en pratique ses théories en proposant à la Banque Immobilière de Paris un lotissement expérimental, conçu sur la base de maisons destinées à une clientèle «éclairée», à même d'investir dans la nouvelle architecture dont quelques exemples se développent en France mais également dans d'autres pays européens.

Plus que de concevoir une architecture d'objet, ce qui préoccupe Le Corbusier dans cette opération, c'est sa dimension urbanistique. Ses références théoriques dans ce domaine ne sont pas négligeables, même s'il s'agit principalement d'habitat ouvrier plutôt que de résiden-

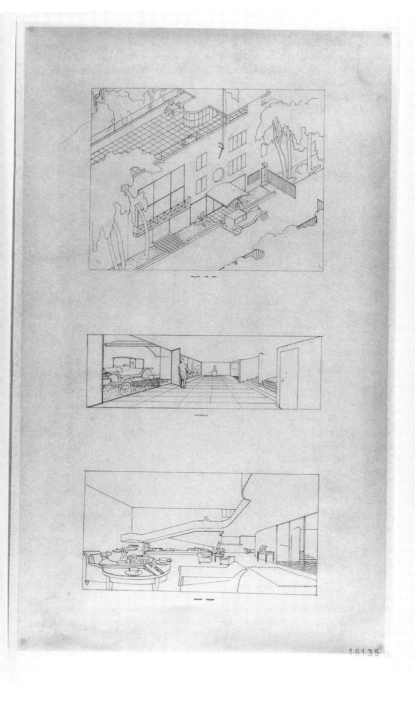

Plan for a villa in Auteuil, 1922
Projet d'une villa à Auteuil, 1922

a great deal of theoretical work in this field, based mainly on working-class housing rather than luxury residences, as can be seen in the various projects for garden cities and standard housing estates that he was working on at this time in both Switzerland and France (1).

In a letter he sent to Mr. Esnault on 30 March 1923 (2), Le Corbusier in effect set the ball rolling on a new project; this sprang from the idea of building a road in the middle of an estate in the sixteenth district of Paris, continued with a study on the construction of different private residences along the same road, and ended two years later in the construction of the Villas La Roche-Jeanneret.

In this same letter, Le Corbusier asked Banque Immobilière de Paris if they would consider the possibility of using three adjacent plots of land in the "Jasmin" estate "measuring 40-50 m in length". He emphasized that it was urgent to act promptly since he had already attracted a potential buyer – a certain Mr. Sarmiento.

Le Corbusier points out that these plots of land "have a construction depth of only 7 m" and thus in order to exploit their full potential, "it would be advisable to adopt less traditional construction methods" (3).

In saying this, Le Corbusier's aim was to make the bank aware of the problems attached to the undertaking. He did not think that the project should consist of simply creating a row of private residences of perhaps differing styles, the resulting effect of which would be "each to his own" in the middle of the estate. On the contrary, he believed that the project should be approached as a whole, "by means of a discerning architecture composed of ingenious design plans and impeccable facades with a coherent structure" (4).

Hence the first project put forward by Le Corbusier to Banque Immobilière de Paris was to create a residential area whose houses would "sell at prices far exceeding tight construction costs...thanks to the use of standard construction systems" (5).

ces de luxe, comme l'indiquent les différents projets de cité-jardins et autres lotissements et maisons en série, auxquels il a travaillé en Suisse comme en France dès le début de sa carrière (1).

Par un courrier en date du 30 Mars 1923 envoyé à M. Esnault (2), Le Corbusier inaugure un projet qui va commencer avec l'idée de construire une rue, au cœur d'un îlot du XVIe arrondissement de Paris, se poursuivre avec l'étude de différents hôtels particuliers, toujours dans cette même rue et se terminer, deux ans plus tard avec la construction des villas la Roche-Jeanneret.

Dans ce courrier, Le Corbusier demande à la Banque Immobilière de Paris, la possibilité d'étudier l'emploi de trois terrains contigüs, «sur une longueur de 40 à 50 m», précise-t-il, dans le lotissement «Jasmin», arguant du fait que l'affaire est urgente dans la mesure où il a déjà un acheteur potentiel en la personne d'un certain Monsieur Sarmiento.

Toujours à propos de ces terrains, Le Corbusier précise que ceux-ci n'ont qu'une «profondeur utilisable de 7 m» et que pour les employer, d'une manière judicieuse, «il y a lieu de rompre avec les coutumes habituelles» (3).

Par cette dernière remarque, Le Corbusier entend attirer l'attention de la banque sur la difficulté de cette entreprise. Celle-ci ne devrait pas, selon lui, consister à aligner simplement des hôtels particuliers, de styles peut être différents, au garde à vous à l'intérieur de ce cœur d'îlot, mais permettre, au contraire, de développer une pensée globale «par une architecture judicieuse avec des plans ingénieux et des façades ayant de l'unité entre elles, impeccables» (4).

Construire une rue et ce «dans des conditions de bon marché bien supérieures aux prix de construction... grâce à l'emploi de systèmes constructifs standards » (5), voilà le premier projet que propose Le Corbusier à la Banque Immobilière de Paris.

Au cours des huit mois qui vont suivre cette prise de contact et jusqu'à la signature des ac-

In the course of the eight months that followed this initial contact between Le Corbusier and Banque Immobilière de Paris, right up to the signing of the sales deeds that secured the future of the La Roche-Jeanneret double house, the events surrounding the construction of the "parc de Jasmin", as Le Corbusier preferred to call it, turned into a real soap opera. This drama, conducted in an exchange of letters, was to set Le Corbusier at odds with Banque Immobilière de Paris, and was also to involve a third person of no mean standing – Louis Plousey, the architect commissioned by the bank for the overall design and construction of this particular site. In addition to these three main characters, potential clients were also brought on stage by Le Corbusier, either real or invented, to boost the credibility of his venture.

The background story to this housing estate has formed the subject of several studies (6); here we will merely outline the objectives that the venture entailed, and describe the main features of the different projects that led to the construction of the Villas La Roche-Jeanneret.

One, Three, Four...Two – the Metamorphoses of a Project

The plot of land upon which Square du Docteur Blanche stands is a true palimpsest: many different proposals were to be put forward by Le Corbusier before the final go-ahead was granted to build what we can see there today.

This was a neglected site, standing in the midst of the different building plots for this estate and characterised by numerous constraints which serve to define the limits of the site. The fact that Le Corbusier's proposals for urbanising this specific site resembled densification mechanisms employed for traditional town estates did not particularly bother Banque Immobilière de Paris, since this institution was more concerned with selling and marketing the splendid plots of land overlooking the road.

From the outset, Le Corbusier concentrated his efforts on the right hand side of the cul-de-sac around Square du Docteur Blanche. The reason for this was simple: despite the long and nar-

tes de vente qui scellent le destin de la double maison La Roche-Jeanneret, c'est un véritable feuilleton qui va s'engager autour de la construction du «parc de Jasmin» comme aime à l'appeler Le Corbusier. Un feuilleton qui va mettre aux prises, par courriers interposés, Le Corbusier et la Banque Immobilière de Paris, mais également un troisième personnage et pas des moindres, Louis Plousey, architecte pour la banque de l'ensemble de ce terrain à lotir. En arrière plan de ces trois acteurs principaux vont également apparaître des clients potentiels, réels ou inventés par Le Corbusier pour crédibiliser son opération.

Plusieurs études ayant été consacrées à l'histoire de ce lotissement (6) on se limitera ici à en rappeler les enjeux et les caractères essentiels des différents projets auxquels elles auront donné lieu.

Un, trois, quatre...deux ou les métamorphoses d'un projet

Véritable palimpseste, le terrain du square du Docteur Blanche garde la mémoire des nombreuses propositions d'ordre et de niveaux différents, faites par Le Corbusier, en amont de la réponse définitive que l'on connaît aujourd'hui.

Situé en cœur d'îlot ce terrain est un délaissé, frappé de nombreuses servitudes, résultant des caractéristiques de la bande constructible qui définit le périmètre de cet îlot. Le fait que Le Corbusier semble avoir des propositions à faire, pour ce type d'urbanisation spécifique, qui rappelle les mécanismes de densification des îlots de la ville traditionnelle, n'est pas pour déplaire à la Banque Immobilière de Paris, plus préoccupée par la vente et la commercialisation des parcelles nobles donnant sur la rue.

D'entrée de jeu, l'intérêt de Le Corbusier se porte sur la partie droite de l'impasse du square du Docteur Blanche. La raison en est simple : malgré l'étroitesse du terrain, tout en longueur, l'orientation de celui-ci au sud, permet d'augurer un développement favorable pour un projet de résidence. C'est en tous cas ce que montre un projet d'hôtel particulier, daté de 1922 et publié dans le volume 1 de

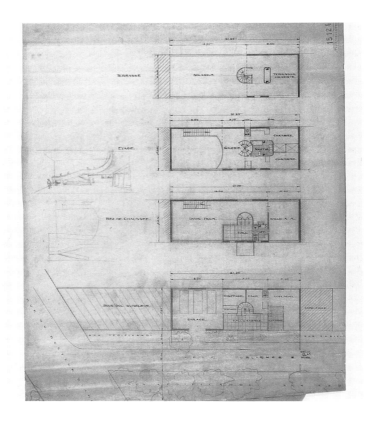

Plan for a villa in Auteuil, 1922
First plan for private residences in Square
  du Docteur Blanche, 1923

Projet d'une villa à Auteuil, 1922
Premier projet d'hôtels particuliers square
  du Docteur Blanche, 1923

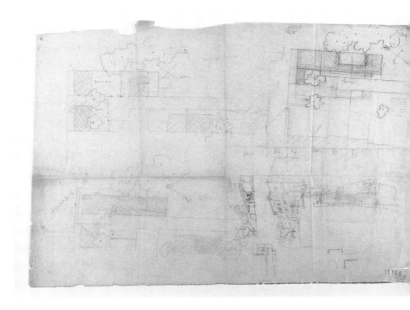

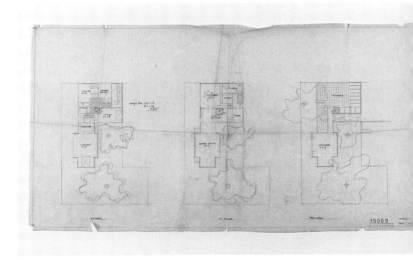

Block plan sketch and sketch plan for three
  private residences
Detailed plan of three private residences,
  15/05/1923

Esquisse de plan de masse et croquis pour
  trois hôtels particuliers
Projet de trois hôtels particuliers, détail,
  15/05/1923

row layout of this plot of land, its south-facing position led Le Corbusier to believe that this would be a good site for building a dwelling. This can be seen in the plans for a private residence drawn up in 1922 which figure in Volume 1 of Le Corbusier's "Œuvre Complète" (7). This project, seemingly a publicity stunt to attract possible clients, was composed of a middle-class residence complete with all the features of modern architecture.

The following proposal, likewise published in "Œuvre Complète" is more interesting and relevant to the project we are looking at. This comprises a small ink sketch by Le Corbusier of three private residences on the same side of the cul-de-sac as in the previous proposal, with the residence in the foreground situated on exactly the same plot of land as before. The style of the three buildings recalls that of the "Citrohan" house, the plans for which were published by Le Corbusier as early as 1920; only a few site-related adjustments have been made: for example, the reversal of the facade system for this standard-style house, and the incorporation of bow-windows into the facades overlooking the square. (8)

However, some time after this sketch had been drawn up, Le Corbusier's research into this part of the estate came to a premature halt. In a letter written on 21 April 1923, Banque Immobilière de Paris informed Le Corbusier that "since the residences in rue Henri Heine have not been sold", its architect, Mr. Plousey, was against building on the right hand side of the cul-de-sac (it was actually the left hand side). In fact, this was to keep open the option of adding a rear access to these residences (9).

From this point on, the construction site was switched to the right hand side of impasse du Docteur Blanche, although Le Corbusier was unwilling to accept this: on several occasions, he attempted to regain the chance to build his project on the left hand side, intending this time to use the plots of land at the rear of this site, as in his first proposal.

Between the end of April and 3 October 1923, when the purchase of the two plots of land required for building the Villas La Roche-

l'Œuvre complète (7). Ce projet, réalisé, semble-t-il, à but publicitaire et à compte d'auteur pour séduire d'éventuels clients, correspond à une résidence bourgeoise parée de tous les attributs de l'architecture moderne.

La proposition suivante, publiée également dans l'Œuvre complète est plus intéressante car plus en rapport avec la réalité du projet qui nous intéresse. Dans un petit croquis à la plume, Le Corbusier représente trois hôtels particuliers, positionnés sur le même côté de l'impasse que la proposition précédente, l'hôtel en premier plan étant d'ailleurs exactement localisé sur la même parcelle. La typologie choisie pour ces trois bâtiments reprend celle de la maison «Citrohan» dont Le Corbusier a publié le projet dès 1920, enrichie de quelques adaptations en relation avec le lieu, comme l'inversion du principe des façades de cette maison type ou l'ajout de bow-windows sur les façades donnant sur le square (8).

Toutefois ce croquis marque l'arrêt prématuré des recherches de Le Corbusier sur cette partie du lotissement. En effet par un courrier en date du 21/04/1923, la Banque Immobilière de Paris informe Le Corbusier que son architecte, M. Plousey, est opposé «tant que les hôtels de la rue Henri Heine ne sont pas vendus» à tout projet se développant sur le côté droit de l'impasse (il s'agit en réalité du côté gauche), et ce, dans le but de réserver l'éventualité d'un accès arrière au terrain correspondant à la construction de ces hôtels (9).

Désormais c'est sur la partie droite de l'impasse du Docteur Blanche que l'intrigue va se nouer, non sans velléités d'ailleurs de la part de Le Corbusier, qui cherche à reconquérir, à différentes reprises, une possibilité de développement de son projet sur la partie gauche de cette impasse, mais cette fois sur des parcelles situées en fond de celle-ci, par rapport à sa deuxième proposition.

Entre la fin du mois d'avril 1923 et le 3 octobre de cette même année, date au cours de laquelle a lieu l'acquisition définitive des deux parcelles nécessaires à l'édification des villas La Roche-Jeanneret, une vingtaine de courriers échangés entre les différents protagonistes de

Jeanneret had been finalised, some twenty letters were sent between the various protagonists, revealing the bitterness surrounding this project.

The third proposal put forward by Le Corbusier to Banque Immobilière de Paris was to construct three private residences on the right hand side, at the bottom end of impasse du Docteur Blanche. In a sketch plan, hastily drawn up after he had reached an agreement with Plousey, Le Corbusier produced the preliminary sketch of a block plan that respected the standard building regulations for the estate. Here two L-shaped houses, sharing the same courtyard at the back, are adjoined to a third house, set at right angles to the other two, thus facing the axis of the cul-de-sac.

In three perspective drawings that accompany the block plan, the architecture of this third proposal can be seen in more detail. The first two houses are accorded symmetrical treatment, defined by an avant-corps in the facade, forming a bow-window, whose weight is borne by a pilotis situated on the axis. This symmetrical treatment however, is barely discernible in the third house.

A final sketch plan, still for the same proposal, and merely a more detailed version of the previous plan, includes a variant on the proposal, a trace of which was retained in the final construction project.

Here, Le Corbusier substituted the large central bow-window for two symmetrically-placed bow-windows on either side of the main structure formed by the first two houses. However, the design basis for the third house in the southern corner of the site remains somewhat unclear in this sketch plan.

Perhaps for reasons relating to the scale of the project and its financing, Le Corbusier reworked this proposal and drew up new plans incorporating a group of four private residences. He increased the size of the plot of land in the previous project by using a plot at the bottom of the left hand side of the cul-de-sac that he had not even been granted yet, at the same time rearranging the trees on the

cette affaire montre l'âpreté avec laquelle celle-ci a été menée.

La troisième proposition de Le Corbusier à la Banque Immobilière de Paris, concerne la construction de trois hôtels particuliers, localisés à droite sur le fond de l'impasse du Docteur Blanche. Dans un croquis hâtif, effectué suite à un accord obtenu auprès de Plousey, Le Corbusier esquisse un principe de plan-masse qui tient compte des différents prospects imposés par le règlement du lotissement.

Deux maisons en L, partageant sur l'arrière une cour commune, sont accolées à une troisième qui se retourne à la perpendiculaire des précédentes, faisant ainsi face à l'axe de l'impasse.

Trois dessins perspectifs, accompagnant le plan de masse, évoquent d'une manière plus précise l'architecture de ce troisième projet, dans lequel les deux premières maisons sont traitées selon un parti symétrique. Celui-ci marqué par un avant-corps de façade formant bow-window et soutenu par un pilotis situé dans l'axe, ne montre que succinctement le traitement réservé à la troisième maison.

Toujours concernant cette proposition, un dernier croquis, plus précis que le précédent et reposant sur le même parti, introduit une variante, dont le projet réalisé gardera une trace.

Au grand bow-window central, Le Corbusier substitue deux bow-windows positionnés en symétrie, de part et d'autre du volume principal formé par les deux premières maisons, tandis que la résolution de la troisième maison, à l'angle sud de la parcelle, reste encore dans ce croquis, assez incertaine.

Peut-être pour des raisons d'ampleur de son projet, liées à des questions de rentabilité de cette opération, Le Corbusier revient sur cette proposition en établissant un nouveau projet portant sur un groupement de quatre hôtels particuliers.

Pour ce faire, il agrandit la partie en retour du projet précédent, en occupant une parcelle sur la gauche au fond de l'impasse, parcelle qui ne lui est toujours pas octroyée, tout en ménageant les arbres présents sur le site.

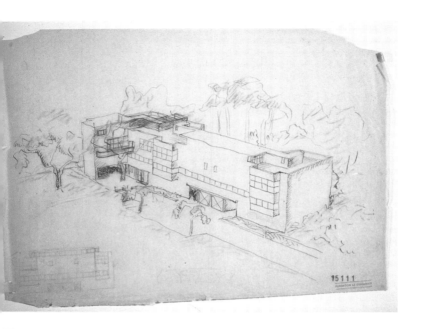

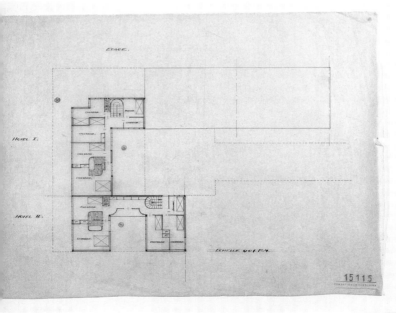

Villas La Roche-Jeanneret, first plan:
    perspective sketch plan
Plan for private residences: floor plan

Villas La Roche-Jeanneret, premier projet,
    croquis perspectif
Projet d'hôtels particuliers, plan d'étage

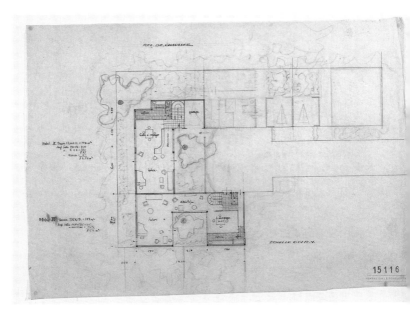

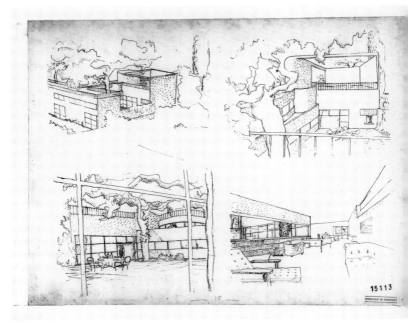

Plan for private residences:
  ground floor plan
Plan for private residences:
  perspective drawings

Projet d'hôtels particuliers :
  plan rez-de-chaussée
Projet d'hôtels particuliers :
  dessins perspectifs

site. This adjustment resulted in a more balanced style, with the patio becoming the reference point for each of the four private residences, as indicated in the ink drawings published in "Œuvre Complète".

Towards July 1923, a new and final version of the group of four private residences was proposed. In this, the name of Raoul La Roche appears for the first time. The dwelling intended for him is given pride of place in the layout of these four projects: the curved main structure forming the gallery stands on the axis of the cul-de-sac, and the area taken up by the other rooms lies on the plot of land to the left of this.

In September of the same year, there was a new and final reshuffle in the allocation of the different plots on the estate. Without Le Corbusier knowing, Banque Immobilière de Paris had made a fresh sale of land, and he was forced to shift the double house shown in his previous plans further south, moving it by 5.45 m. Thus the whole project had to be completely re-examined, as it had now become impossible to build four dwellings there as planned.

From then on, the L-type residence, as seen in these new design plans, also included a house for Lotti Raaf and Pierre Jeanneret, another for a client simply referred to as "the aunt", and at right angles to this, the house intended for Raoul La Roche.

However, this return to the idea of three private residences was to be shortlived, and on 21 September 1923 a final outcome was reached. Only two clients who had not proved to be fictitious remained on the list of possible buyers: Raoul La Roche and the Raaf-Jeanneret couple.

Le Corbusier was unable to build Raoul La Roche's villa on the north-east plot, since Banque Immobilière de Paris witheld their permission for this. He thus slotted it into the corner opposite "the aunt's" house, thereby adjoining it to Albert and Lotti Jeanneret's residence.

Le Corbusier, who wanted to build as much as he could on this estate, also acquired the plot of land enlarged from 5.45 m to 7.45 m which

Cette modification aboutit à une composition plus équilibrée, dans laquelle la figure du patio devient la référence pour chacun de ces quatre hôtels particuliers, comme le montrent les dessins à la plume publiés dans l'Œuvre Complète.

Vers le mois de juillet 1923, une nouvelle et ultime version d'un groupement de quatre hôtels particuliers est proposée. La nouvelle donne qu'elle établit fait apparaître, pour la première fois depuis le début de ces études, le nom de Raoul La Roche. La place qui lui est réservée dans la disposition de ces quatre projets est la plus éminente puisque le volume principal, déjà galbé, constitué par la galerie est dans l'axe de l'impasse tandis que le volume des autres pièces d'habitation occupe la parcelle située sur la gauche de celle-ci.

Au mois de septembre de cette même année, nouveau et dernier rebondissement dans l'attribution des différentes parcelles de ce lotissement. Suite à une nouvelle vente de terrain effectuée à son insu par la Banque Immobilière de Paris, Le Corbusier est obligé de déplacer vers le sud la maison double, présente dans ses précédents projets, en la faisant glisser sur une distance de 5 m 45.

Le projet, amputé de la possibilité d'installer quatre hôtels particuliers, est revu à la baisse.

Désormais la typologie en L, correspondant à cette nouvelle étude, comprend une maison pour Lotti Raaf et Pierre Jeanneret, une autre pour un deuxième client intitulé «la tante» et, en retour de cette dernière, la maison destinée à Raoul La Roche.

Ce revirement à trois hôtels, ne va pas durer bien longtemps et le 21 septembre 1923, le dénouement s'opère. Restent en lice les deux seuls clients, dont la présence dans cette opération n'a jamais été fictive, Raoul La Roche et le couple Raaf-Jeanneret.

La maison prévue pour Raoul La Roche délaissant la parcelle au nord-est, refusée par la Banque Immobilière de Paris, absorbe sur l'angle opposé la maison de «la tante» et devient ainsi mitoyenne avec la maison d'Albert et Lotti Jeanneret.

had forced him to shift his project towards the southern part of the cul-de-sac. He decided to build a small private residence on this plot, adjoining the Villa Raaf-Jeanneret; the plans for this were published in "Œuvre Complète" along with the following comment: "the two residences built at numbers 8 and 10 Square du Docteur Blanche await a third residence for the set to be complete as planned, without which the effect of the whole would suffer like a crippled gait or a twisted smile" (10). However this project, passed from person to person, was never to come to fruition, and was finally abandoned by Le Corbusier who was concerned that another architect would come along and build onto his two houses (11).

Two Clients, Two Programmes, Two Houses

"These two houses grouped into one mass, serve two very different purposes: one accommodates a family and children, and is thus composed of a quantity of small rooms and all amenities needed by a family, whereas the second is designed for a bachelor, owner of a collection of modern paintings, and passionate about art" (12).

The two clients of the Villas La Roche-Jeanneret were indeed very different from one another: one belonged to Le Corbusier's circle of friends, the other was a member of his family.

It was a strange twist of fate that brought Raoul La Roche and Le Corbusier together. Both were of Swiss origin, although Basle, birthplace of Raoul La Roche in 1889, is Swiss-German, whereas La Chaux-de-Fonds, where Le Corbusier was born two years earlier, is in French-speaking Switzerland.

Both men chose the same country – France – to pursue their respective careers. One opted for banking, and in 1911 began to work for the Banque Suisse et Française, for whom he was to work for a number of years as the head of their international department. The other, as we know, embarked upon an architectural career.

Other points that the two men had in common were that both had built up an impressive col-

Désireux de construire le plus possible dans ce lotissement, Le Corbusier finira par acquérir la parcelle de 5 m 45 agrandie à 7 m 45 qui l'avait obligé à déplacer l'ensemble de son projet vers le sud de l'impasse. Il étudiera sur cette parcelle, mitoyenne avec la maison Raaf-Jeanneret, un petit hôtel particulier qu'il publiera dans l'Œuvre Complète accompagné de la mention suivante : «les deux hôtels construits 8 et 10 square du Docteur Blanche attendent un troisième hôtel pour compléter l'ensemble prévu, faute de quoi cet ensemble sera bancal, et par conséquent grimaçant» (10). Passant de mains en mains, ce projet ne se fera pas et sera revendu en définitive par Le Corbusier, soucieux qu'aucun autre architecte que lui ne vienne s'adosser à ses deux villas (11).

Deux clients, deux programmes, deux maisons

«Ces deux maisons, accouplées en un seul massif, réalisent deux problèmes très différents : l'une abrite une famille avec enfants et comporte quantité de petites pièces et tous les services utiles au mécanisme d'une famille. L'autre maison est destinée à un célibataire, propriétaire d'une collection de peinture moderne et passionné des choses de l'art» (12).

Les deux clients des villas La Roche-Jeanneret sont bien différents : l'un appartient au cercle des amis, l'autre à la famille.

Etrange destinée qui unit Raoul La Roche à Le Corbusier. Une même origine : la Suisse, même si Bâle, lieu de naissance de Raoul La Roche en 1889 est en Suisse alémanique et La Chaux-de-Fonds, où Le Corbusier est né deux ans auparavant, en Suisse romande.

Le choix d'un même pays, la France pour y développer une carrière, l'un dans la banque, dès 1911 pour le compte de la banque Suisse et Française, dont il sera pendant de nombreuses années le chef du service des relations avec l'étranger, l'autre dans les domaines que l'on sait.

Une aventure commune aussi, menée d'abord avec la constitution d'une collection de peinture prestigieuse, comme on le verra plus loin, en-

lection of paintings as we shall see later on, both had played major roles in the production of the journal "L'Esprit Nouveau", and lastly both were involved in the construction of the villa that forms the subject of this guide.

From the moment this villa was completed it was to serve as a binding tie of friendship between the two men. This can be seen in the following dedication written by Le Corbusier in 1960 in a copy of his book "l'Atelier de la Recherche Patiente", that he offered to Raoul La Roche: "Here, dear Raoul La Roche, is the house that we undertook to construct 37 years ago and that sealed our friendship. We named it: 'la villa della Rocca', as proof that our aims for building it were clearly defined, innovative and creative" (13).

A strange stroke of fate also surrounded the death of the two men. They both died in the same year, 1965, with only several months separating their deaths. One passed away in Basle, in Switzerland, and the other in Roquebrune-Cap-Martin, on the French Mediterranean coast.

Raoul La Roche, an active member of the Swiss circle in Paris (14), was obviously fascinated by Le Corbusier's personality. This stemmed not only from his admiration for Le Corbusier's modern outlook on urban planning and architecture, but was also linked to his appreciation of Le Corbusier as a painter; indeed it would appear that he discovered Le Corbusier the painter before discovering Le Corbusier the architect-constructor.

Proof of the admiration, even at times gratitude, that La Roche felt towards Le Corbusier, is clearly seen through numerous gestures he made in 1923. For example, at one point he wrote: "I am exceedingly grateful to you for the invaluable advice you have accorded me over the last few years concerning my small art collection. For this reason I would like you to accept as a gift from me the Braque painting that you helped me to select amongst the other recent acquisitions I made at the Kahnweiler sale" (16)... Then later, addressing Le Corbusier the painter, he wrote: "I have hung your large canvas opposite my bed; it re-

suite avec le fonctionnement de la revue «l'Esprit Nouveau», enfin avec la construction de la maison dont il est question ici.

Cette maison, dès son achèvement, deviendra le ciment d'une amitié durable entre les deux hommes, comme en témoigne cette dédicace inscrite par Le Corbusier en 1960 dans un exemplaire de son livre «l'Atelier de la Recherche Patiente» offert à Raoul La Roche : «Voici cher Raoul La Roche, cette maison que nous avons entreprise il y a 37 années. Ce fut l'occasion de notre amitié. On l'a baptisé: ‹la villa della Rocca› pour faire entendre qu'on y avait mis certaines intentions bien intenses, bien novatrices, bien créatrices» (13).

Etrange destinée qui se terminera par la mort des deux hommes, la même année en 1965 à quelques mois de distance, l'un en Suisse à Bâle, le second en France au bord de la méditerranée à Roquebrune-Cap-Martin.

Membre influent de la colonie suisse de Paris (14), Raoul La Roche est de toute évidence fasciné par la personnalité de Le Corbusier. Cette fascination va d'abord à l'activiste de la pensée moderne en urbanisme et en architecture, ensuite au peintre, qu'il semble découvrir avant l'architecte bâtisseur.

L'année 1923 est riche en témoignages de cette admiration et même d'une certaine façon, de la reconnaissance qu'éprouve La Roche vis-à-vis de Le Corbusier qui l'a initié à un monde nouveau, très différent de son propre milieu professionnel et semble-t-il relationnel (15). Il écrit : «Je suis très heureux de vous donner un témoignage de ma gratitude pour votre précieux concours dans la constitution de ma petite collection de tableaux au cours de ces dernières années... vous me feriez donc un grand plaisir en acceptant comme souvenir de ma part le tableau de Braque que vous avez choisi parmi les récentes acquisitions à la vente Kahnweiler» (16)... Puis s'adressant au peintre : « j'ai accroché votre grand tableau en face de mon lit; il est vraiment admirable et me cause une grande joie. La peinture puriste se trouve concentrée dans la chambre à coucher et constitue un ensemble presque plus parfait encore que les tableaux cubistes au salon» (17).

ally is quite wonderful, and affords me a lot of pleasure. And so the purist paintings are now in the bedroom, and make up a set that appears even more perfect than the cubist paintings in the living room" (17).

The following month, on a postcard sent from Bienne, Switzerland, it is Le Corbusier the architect that Raoul La Roche praises: "This afternoon I saw the house you constructed, and it appeared before me like a revelation" [here he is referring to the Villa Schwob in La Chaux-de-Fonds, built by Le Corbusier in 1916]…It is as if it has just fallen from the sky, especially when compared with the commonplace buildings that surround it. And if only you had had Roman brick! In short, I am full of admiration for this sample of your architecture that I have seen today, and send you, my dear friend, my very best wishes" (18).

Two months later, in Paris, Raoul La Roche asked Le Corbusier to acquire two plots of land for him in rue du Docteur Blanche, to build his house there.

The relationship linking Le Corbusier to his second client, the Jeanneret-Raaf family, was very different to the one described above. This was a family relationship, and we know that the links between Le Corbusier and Albert Jeanneret, his brother, were much stronger than just blood ties: their love of art created a certain complicity between them. Albert Jeanneret was a composer and music teacher, and had trained at the Institut Jacques Dalcroze in Hellerau (19). He was two years older than Le Corbusier, and in 1923 had married a Swedish journalist called Lotti Raaf, a divorcee with two daughters from her previous marriage. The first home they shared was Le Corbusier's apartment, 20 rue Jacob, before moving into the house in square du Docteur Blanche. The construction of this house was completely financed by Lotti Raaf, and the Jeannerets stayed there together until the end of the thirties, when Albert Jeanneret went to live with his mother in the small house on the lakeshore in Corseaux. In 1947 Lotti and Albert's divorce was finalised, and Lotti Raaf kept the house until 1962, when she returned to Sweden.

Le mois suivant sur une carte postale envoyée de Bienne, en Suisse, c'est l'architecte que Raoul La Roche félicite : «j'ai eu comme une révélation en voyant cet après-midi, la villa que vous avez construite» [il s'agit de la villa Schwob à la Chaux-de-Fonds édifiée par Le Corbusier en 1916]... Elle a l'air d'être tombée du ciel, tant elle frappe au milieu de toutes les banalités autour. Et si vous aviez eu de la brique romaine! Bref je suis plein d'admiration pour cet échantillon de votre architecture et vous envoie cher ami mes meilleurs souvenirs» (18).

Deux mois plus tard à Paris, Raoul La Roche demande à Le Corbusier de bien vouloir s'occuper de l'acquisition pour son propre compte de deux parcelles de terrain rue du Docteur Blanche, dans le but d'y faire édifier sa maison.

Bien différente est la relation qui unit Le Corbusier avec son second client, la famille Jeanneret-Raaf. Il s'agit d'une relation familiale et l'on sait que les liens très forts qui unissent Le Corbusier à Albert Jeanneret son frère, sont au-delà des liens du sang, une certaine complicité pour les choses de l'art. Compositeur et professeur de musique, formé à l'Institut Jacques Dalcroze à Hellerau (19) Albert Jeanneret, de deux ans l'aîné de Le Corbusier, épouse en 1923 une journaliste suédoise, Lotti Raaf, divorcée, ayant déjà deux filles d'un premier mariage. Leur première résidence commune va être l'appartement de Le Corbusier, 20 rue Jacob, avant d'emménager dans la future maison du square du Docteur Blanche. Dans cette maison dont la construction sera financée entièrement par Lotti Raaf, les Jeanneret vont demeurer ensemble jusqu'à la fin des années trente, période au cours de laquelle, Albert Jeanneret rejoindra sa mère dans la petite maison au bord du lac à Corseaux. En 1947, le divorce de Lotti et d'Albert sera prononcé et Lotti Raaf conservera la maison jusqu'en 1962, avant de retourner en Suède.

Villa La Roche

"By entrusting you with the construction of my house, I knew that you would produce something wonderful; my hopes have been far surpassed. My independent way of life meant that I left you alone to create this project, and given the result, I praise myself for having done so" (20).

This letter sent by Raoul La Roche to his "dear architect friends" just a short time before the house was completed, clearly reveals the excellent relationship that had been established from the very beginning of the design stage of this house. It also shows that La Roche had not imposed many constraints on the project.

The first major sketch for the Villa La Roche bears no date, although it was probably drawn up in August 1923, after Raoul La Roche had officially requested Le Corbusier to acquire a plot of land for him on the Docteur Blanche estate. This sketch clearly depicts the shape of the house that was to be built there.

On this sketch, comprising two floor plans and three interior views, along the axis formed by the garden path, the curved structure housing the gallery can already be seen. However, on the ground floor of this gallery there still appears a symmetrical layout comprising two bedrooms and a wash area, linked together by a passageway.

The L-shape, composed of a two-level entrance hall in the reflex angle of the site, is also clearly discernible. Similarly, the outline of a large ramp is visible; this ramp connects the entrance hall to the first floor housing the dining room and utility areas, right above the domestic staff quarters. This dining room is linked to a living room by a fireside area. A spiral staircase, at a tangent to the hall ramp, leads to a library on the floor above.

The perspective drawings accompanying this sketch highlight the large entrance hall ramp as a mechanism allowing space to be distributed in a spectacular way: the visitor can see not only the interior of the house, but also be-

Villa La Roche

«En vous confiant la construction de ma maison, je savais que vous feriez une très belle chose; mon espoir a été largement dépassé. L'indépendance relative dans laquelle je vis m'a permis de vous laisser travailler selon vos idées et je ne puis que me louer du résultat obtenu» (20).

Cette lettre envoyée par Raoul La Roche à ses «chers amis» architectes peu de temps avant l'achèvement de sa maison, illustre, d'une part l'excellence des rapports qui, du démarrage des études à la livraison et au-delà, va présider à leur relation et d'autre part, le peu de contraintes que celui-ci leur a imposé au niveau du programme à mettre en œuvre.

La première esquisse significative de la villa La Roche, non datée, effectuée vraisemblablement en août 1923, après que Raoul La Roche ait officiellement chargé Le Corbusier d'acquérir le terrain dans le lotissement du Docteur Blanche, préfigure la physionomie de la villa qui sera réalisée.

Sur cette esquisse comprenant deux plans de niveaux et trois perspectives intérieures, apparaît déjà, dans l'axe de l'allée, le volume galbé abritant l'espace de la galerie. Toutefois, au rez-de-chaussée de ce volume, sont encore localisés, selon une composition symétrique, deux chambres et un coin toilette reliés par un dégagement.

La typologie en L, avec un hall d'entrée sur double-niveau situé dans l'angle rentrant de la parcelle, est également présente. De même qu'est représenté le principe d'une grande rampe, permettant d'accéder, depuis cette entrée, au premier niveau où se trouvent, au-dessus du logement des domestiques, une partie réservée à l'habitat, avec sa salle à manger et ses dépendances, ainsi qu'un salon relié à l'espace précédent par un coin cheminée.

Un escalier hélicoïdal, tangent à la rampe du hall, dessert également depuis ce niveau, une bibliothèque située à l'étage au-dessus.

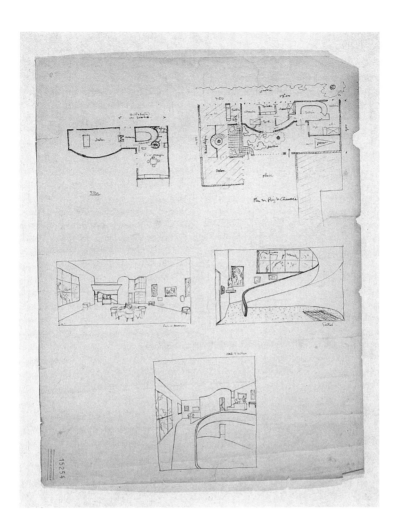

Villa La Roche: first sketch
Villa La Roche : première esquisse

yond this, through the large windows that frame the landscape of trees in the square.

In this first, fairly detailed design plan, the Villa La Roche is not yet stamped with the degree of autonomy that it would possess in the final version of the project. It is still firmly embedded in a U-shaped block plan drawing of unequal sections, adjoined to another private residence that Le Corbusier was still at this point hoping to construct on the left side of the path leading to Square du Docteur Blanche.

The designs that followed this sketch reveal that Le Corbusier, having given up on his plans to build this latter residence, could dedicate himself entirely to the Villa La Roche. He was all the more concerned with dedicating a large amount of time and energy to the project given that due to the numerous constraints of the site this house had to adjoin that of the Jeannerets.

In a series of sketch plans dated 22 September 1923, Le Corbusier drew up a new version of the Villa La Roche and this was the version to appear in his final full scale working diagram.

In this version, the ground floor design for the gallery, incorporating bedrooms, was retained. Indeed, it would not be dropped until some time later.

On the other hand, the entrance underwent major changes. The whole area incorporating the garage, the caretaker's apartment, the ground floor kitchen and the dining room and pantry area was now shifted towards the north, in order to slot in the structure of the other adjoining house, present on the design plans since the beginning.

Hence into this freed-up space Le Corbusier could insert a large hall of splendid height, lit by a large glass facade, which would become the focal point of this work. The ramp, originally planned for the entrance hall, was also shifted, so that it could join up with the curved wall of the gallery, and could provide access to a library situated on the top floor.

Les croquis perspectifs qui accompagnent ces esquisses de plans sont centrés sur la mise en évidence de la grande rampe du hall comme système de distribution spectaculaire, offrant des vues sur les différents espaces internes de la maison mais également sur l'extérieur de celle-ci, par de grands vitrages destinés à cadrer le paysage, ici les grands arbres du square.

Dans cette première étude assez précise, la villa La Roche n'a pas encore atteint le degré d'autonomie relative qu'elle occupera dans la version définitive du projet. Elle est encore enchâssée dans un dessin de plan masse en forme de U, aux branches inégales, accolée à un autre hôtel particulier que Le Corbusier espère encore réaliser, sur la partie gauche de l'allée du square du Docteur Blanche.

Les études qui suivent cette esquisse montrent que Le Corbusier, ayant renoncé à la construction de cet hôtel, peut désormais se consacrer de manière définitive à la seule villa La Roche d'autant plus que les nombreux rebondissements concernant l'affectation des différentes parcelles l'obligent à concevoir cette villa en mitoyenneté avec la villa Jeanneret.

Par une série de croquis datés du 22/09/1923, Le Corbusier étudie une nouvelle version de la villa La Roche selon les limites de son épure définitive.

Par rapport à l'esquisse précédente, le principe du rez-de-chaussée du volume galbé de la galerie, réservé aux chambres, est conservé pour quelque temps encore.

En revanche, l'entrée subit de grandes modifications. L'ensemble : garage, logement du concierge, cuisine en rez-de-chaussée et salle à manger et office à l'étage, est décalé vers le nord, pour intégrer le volume d'une des deux villas mitoyennes présente depuis le début des études sur cette partie du lotissement.

Du coup, Le Corbusier peut projeter à la place de ces espaces, un grand hall toute hauteur, éclairé par une grande verrière en façade, qui devient le centre de sa composition. La rampe prévue dans l'entrée est également déplacée,

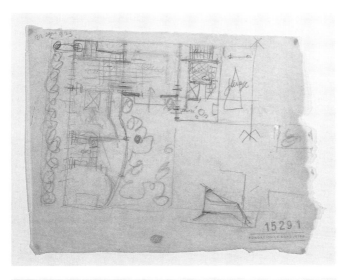

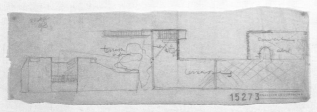

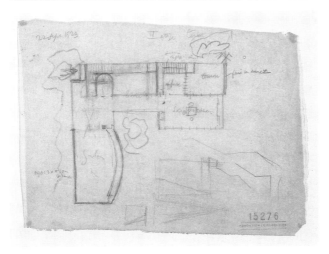

Villa La Roche: ground floor plan, 22/09/1923
Plan of the roof gardens, 22/09/1923
Villa La Roche: floor plan, 22/09/1923

Villa La Roche : plan de niveau,
  rez-de-chaussée, 22/09/1923
Plan des toit-jardins, 22/09/1923
Villa La Roche : plan d'étage, 22/09/1923

Also on this plan, on the other side of the house, above the dining room, in an L-shape around the small courtyard, is a guest apartment; this in turn is capped by an accessible terrace with an awning.

Still in this same series of sketches, a footbridge is marked on the first floor, to link the living room with the gallery. However, Le Corbusier was still hesitating over where to place the double flight of stairs leading up from the hall. Some sketch plans show it positioned parallel to this footbridge, others perpendicular.

The position of the acacia at the southern tip of the site, which Le Corbusier had brought in line with the corresponding facade, is not clear here. This would be specified in a later version, namely the designs drawn up for the plaster model of this villa exhibited at the Salon d'Automne.

In this preliminary design, whose rooms and habitable surface area would later be reduced at the request of Raoul La Roche, certainly for cost reasons, the division between the public and private sections is not as clear as in the completed work. In this design the living quarters and the gallery are still fused together. Nevertheless, the size of the separate spaces in this house does contrast sharply with "the quantity of small rooms" in the Villa Jeanneret "designed to provide all the amenities that a family may need" (21).

Design of the Different Facades

This preliminary design also enabled Le Corbusier to make headway in his facades, especially regarding the evolute of these. This was made possible by using the same height dimensions for the different sequences, in particular for those facades overlooking the square.

A horizontal effect dominates throughout these designs, since the whole mass of the Villas La Roche-Jeanneret stretches out over a length of 33.50 m, with an average height of between 8 and 10 m. This is accentuated by

elle rejoint le mur courbe de la galerie et dessert une bibliothèque située au dernier niveau.

De l'autre côté de la maison, au-dessus de la salle à manger, est disposé en L autour de la courette, un appartement pour amis, surmonté d'une terrasse accessible équipée d'un abri couvert.

Toujours dans cette série d'esquisses, une passerelle apparaît au premier niveau pour relier le salon à la galerie. Quant à l'escalier à double volée du hall, Le Corbusier hésite encore sur son positionnement, certains croquis le montrent positionné en parallèle de cette passerelle d'autres à la perpendiculaire de celle-ci.

La localisation de l'acacia situé sur la limité sud de la parcelle et pour lequel Le Corbusier, ménage un retrait dans le linéaire de la façade correspondante, n'est pas exacte. Celle-ci sera corrigée dans la version ultérieure, correspondant aux études à partir desquelles sera exécutée la maquette en plâtre de cette villa destinée à être exposée au Salon d'Automne.

Dans cet avant-projet, qui sera revu à la baisse en ce qui concerne sa surface habitable et le nombre de ses pièces et ce, certainement pour des questions de coûts et à la demande de Raoul La Roche, la bi-partition public/privé n'apparaît pas aussi claire que dans le projet qui sera réalisé, dans la mesure où la partie habitation et la partie galerie sont encore étroitement mêlées. A contrario la générosité des espaces de cette villa contraste avec «la quantité de petites pièces» assorties de «tous les services utiles au mécanisme d'une famille» (21), de la villa Jeanneret.

De l'étude des différentes façades

Cet avant-projet permet également à Le Corbusier de pousser l'étude de ses façades et surtout du développé de celles-ci en travaillant sur une même élévation les différentes séquences qui les composent notamment pour les façades donnant sur le square.

Dans l'ensemble de ces dessins, l'horizontale domine, dans la mesure où la volumétrie des

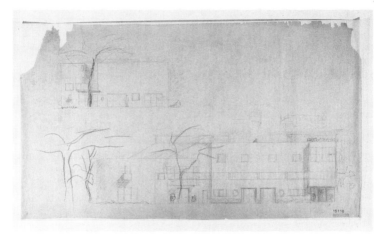

Villas La Roche-Jeanneret: sketch of the north-east facade

Villas La Roche-Jeanneret : façade nord-est, esquisse

Villas La Roche-Jeanneret: facades, 09/1923

Villas La Roche-Jeanneret : façades, 09/1923

the longitudinal window that runs from the bow-window situated on the right of the Villa Jeanneret, right up to the large glass wall above the entrance to the Villa La Roche.

The principle of this longitudinal window forms part of the "Cinq Points de l'Architecture Nouvelle", drawn up by Le Corbusier, and does not vary in the design sketch plans for the facades, nor does the counterpoint for the longitudinal window, namely the square openings of the floor above.

In some sketches there are three such openings, but most often there are four as in the completed work. The figure four, which creates symmetry, is all the more justified here, in as much as it allowed Le Corbusier to arrange these openings on both sides of the cross wall separating the Villas La Roche-Jeanneret.

In some sketches this wall appears on the ground floor, forming a pilotis in the axis of a porch that serves as a garage. In the final version this wall disappears behind the facade so that a more discreet symmetry could be obtained, reinforced by the layout of the openings on the ground floor.

It is thus that on both sides of this potential axis several features are laid out in a repetitive pattern: a garage door, an entrance door to the caretaker's apartment, a large window allowing natural light to penetrate the dining room of this apartment, and a small vertical opening: in the Villa La Roche this lights a wc, and in the Villa Jeanneret a maid's room.

The focus on symmetry is interrupted on this facade by a large bow-window, forming an avant-corps over the path; behind this on the first floor, behind the longitudinal window, is a bedroom, and on the second floor, behind the large glass wall, is the living room of the Villa Raaf-Jeanneret.

There is another component in the same design of this facade evolute that would also undergo several modifications, namely the glass wall above the double entrance door to the Villa La Roche. This glass wall that sheds a north/east light into the hall went through three major design stages.

.

villas La Roche-Jeanneret s'étire sur une longueur de 33 m 50 pour une hauteur moyenne, de 8 et 10 m à l'arase des acrotères. L'horizontalité de ces façades est accentuée par la fenêtre en longueur qui court depuis le bow-window situé sur la droite de la villa Jeanneret, jusqu'au grand pan de verre situé au dessus de l'entrée de la villa La Roche.

Cette fenêtre en longueur, dont le principe est un des «Cinq points de l'architecture nouvelle» inventés par Le Corbusier, est un invariant dans les croquis de recherche portant sur la composition de ces façades, de même que le contre-point, apporté à cette fenêtre en longueur, par les ouvertures carrées de l'étage situé au-dessus.

Dans certaines esquisses, ces ouvertures sont au nombre de trois, le plus souvent quatre comme dans la version réalisée. Le chiffre quatre, qui induit la symétrie, est d'autant plus justifié qu'il permet à Le Corbusier de disposer ces ouvertures de part et d'autre du mur de refend qui sépare les villas La Roche et Jeanneret.

Sur certaines esquisses, ce mur est apparent en rez-de-chaussée, formant pilotis dans l'axe d'un porche servant de garage. Dans la version définitive ce mur disparaît derrière l'enveloppe de la façade pour installer une symétrie plus discrète, renforcée cette fois par l'organisation des ouvertures au rez-de-chaussée.

C'est ainsi que, de part et d'autre de cet axe virtuel sont disposés, selon un processus répétitif: une porte de garage, une porte d'entrée pour l'appartement du concierge, un grand châssis servant à l'éclairement naturel de la salle à manger de cet appartement et une petite fente verticale qui dans le cas de la villa La Roche sert à éclairer un wc et dans celui de la villa Jeanneret, une chambre de bonne.

Ce travail sur la symétrie est interrompu sur cette façade, par le grand bow-window, formant avant-corps sur l'allée et derrière lequel, au premier niveau, derrière le bandeau de la fenêtre en longueur se trouve une chambre et au second niveau, derrière le grand pan vitré, la salle de séjour de la villa Raaf-Jeanneret.

Initially it was of rectangular shape, positioned vertically. It followed an axis that passed through the centre of the recessed section of the facade accommodating the hall, with its lower part aligning horizontally with the spandrel of the longitudinal window. In this design basis there is a balanced relationship between the surface area of this glass wall and the interior wall it intersects.

A second version widens this glass wall along its horizontal axis, its rectangular shape is inverted, and the surface area of the glazed section increased. Centred around the double entrance door to the hall, which appears on this second version, the glass wall "saturates" the surface of the wall that it covers. The two small remaining sections of solid wall that appear on either side of this glass wall clearly reveal this effect.

In the third and final version, the glass wall continues to widen out on its horizontal axis until on one side it touches the overhang of the facade on the right and on the other side it connects with the structure of the gallery. The design of the art gallery is the last important aspect of the studies carried out on the facade of the Villas La Roche-Jeanneret. Four different proposals were drawn up for the facades of this structure.

In the first of these proposals, predominantly solid materials were used for the section of the facade overlooking the path. On the ground floor of this design proposal there is a glazed section on the axis of this facade to light the passageway leading to the bedrooms situated on either side of it; on the first floor this glazed section is capped by a small rectangular opening, in front of which is a small cube-shaped balcony.

Still in the same design proposal, the ground floor of the opposite south-facing facade comprises three glazed sections; on the first floor, above the section on the left of this facade, is a rectangular-shaped balcony opening out onto a recess in the facade, specifically incorporated to solve the problem of the acacia.

The second design proposal corresponds to the one exhibited in the Salon d'Automne dur-

Toujours dans l'étude de ce développé de façade un autre élément va connaître des variations au fil des esquisses, il s'agit du pan de verre situé au dessus de la double porte d'entrée de la villa La Roche. Ce pan de verre qui amène une lumière du nord-est dans le volume du hall connaît successivement trois états.

Il est d'abord prévu de forme rectangulaire et positionné verticalement, selon un axe qui passe par le milieu de la façade en retrait qui abrite le volume du hall et aligné horizontalement au niveau de sa partie inférieure sur l'allège de la fenêtre en longueur. Dans cette solution, il y a un rapport d'égalité entre la surface de ce pan de verre et le mur à l'intérieur duquel elle s'inscrit.

Une deuxième version élargit ce pan de verre selon son axe horizontal, sa forme rectangulaire s'inverse, de même que s'agrandit la superficie de sa surface vitrée. Centré sur la double porte d'entrée du hall, qui est dessinée sur cette deuxième version, le pan de verre «sature» la surface du mur qui le reçoit, comme le montrent les deux petites épaisseurs résiduelles de murs qui apparaissent de part et d'autre de ce pan de verre.

Dans la troisième et dernière version, le pan de verre continue de s'élargir sur son axe horizontal jusqu'à venir toucher bord à bord, d'un côté le volume en saillie du corps de façade situé sur sa droite et, de l'autre côté, le volume en retour qui annonce celui de la galerie.

Dernier élément important concernant les recherches de façade des villas La Roche-Jeanneret, le volume de la galerie de peinture pour lequel quatre propositions différentes concernant les façades de ce volume ont été étudiées.

La première de ces propositions montre une prédominance du plein sur le vide dans la conception de la façade donnant sur l'allée.

Au rez-de-chaussée de cette proposition, un pan vitré, positionné sur l'axe de cette façade et destiné à éclairer le dégagement donnant accès aux chambres situées de part et d'autre, est surmonté au premier niveau d'une petite

ing the same year and reinforces the effect of solid mass dominating empty space.

In the facade overlooking the path, the glass wall has disappeared, giving way to a small mysterious square opening. On the first floor, the same design basis as the one described above is maintained. On the opposite facade only the recessed section has been modified to take on a cone shape, thus altering the design of the balcony.

The pilotis is introduced into the third design proposal. Distribution of space within the Villa La Roche has clearly been modified: the ground floor bedrooms have disappeared and the gallery is now suspended in mid-air, perched upon its pilotis. The design principle of the small opening and its cube-shaped balcony, still on the first floor, is enriched by two square openings on either side aligned with those intended for the return facade of the main body of the building.

In the rear section, the pilotis has replaced the three large glazed sashes. Only a solid mass of wall remains, pierced by three different-sized openings, under the above-mentioned cone-shaped recess.

It may appear strange that within these three initial design proposals there are very few openings for the facade of the gallery. The reason for this however, is that Le Corbusier had planned to insert a huge skylight into the roof, so that it could be lit by a zenithal light. However, this feature was later abandoned, except for the library adjoining the gallery.

In the fourth and final design proposal, the system of the pilotis is maintained, but the small cube-shaped balcony and its opening have been brought into line with the lower geometrical plane of the building, and have been shifted to the extreme left of the facade.

On the second floor, a longitudinal window runs from one end of the facade to the other. This window reappears on the opposite facade, where the cone-shaped recess has disappeared to give way to a rectangular-shaped recess, thus forming a loggia on the first floor.

ouverture rectangulaire précédée d'un petit balcon de forme cubique.

Toujours dans cette proposition, la façade opposée ouvrant au sud est composée, en rez-de-chaussée, de trois pans vitrés dont celui situé sur la gauche de cette façade est surmonté, au premier niveau, d'un balcon rectangulaire ouvrant sur l'échancrure ménagée dans la façade pour régler le problème de l'acacia.

La deuxième proposition qui correspond à la maquette qui sera exposée au Salon d'Automne la même année renforce cette prédominance du plein sur le vide.

Dans la façade donnant sur l'allée, le pan de verre a disparu au profit d'une petite ouverture énigmatique de format carré, tandis qu'au premier niveau le même dispositif que le précédent est maintenu. Sur la façade opposée, la seule modification concerne l'échancrure dont le profil est devenu conique, modifiant du même coup le dessin du balcon.

La troisième proposition introduit le pilotis. De toute évidence, la distribution interne de la villa La Roche a été modifiée, les chambres situées en rez-de-chaussée de ce volume ont disparu. La galerie est désormais en l'air, juchée sur son pilotis. Le principe de la petite ouverture et de son balcon cubique, maintenu au premier niveau, est enrichi de l'apport de deux ouvertures carrées, situées de part et d'autre, qui reprennent l'alignement de celles prévues dans la façade du corps de bâtiment en retour.

Sur la partie arrière, l'introduction du pilotis a fait disparaître les trois grands châssis vitrés. Seule subsiste une partie pleine de mur, percée de trois ouvertures de formats différents, sous l'échancrure conique déjà décrite.

A noter que, dans ces trois premières propositions, le caractère peu percé des façades de la galerie peut étonner. Celà provient du fait que Le Corbusier a prévu un grand lanterneau sur le toît de cette galerie pour y amener un éclairage zénithal. Ce dispositif sera par la suite abandonné, excepté dans la bibliothèque attenante à la galerie.

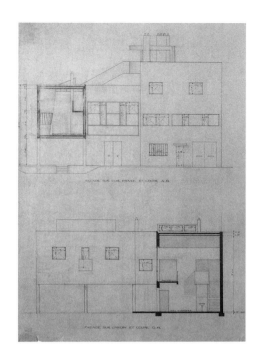

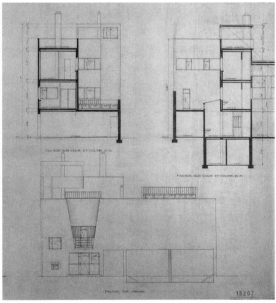

Villa La Roche: preliminary design, October-November 1923
Villa La Roche : avant-projet, octobre-novembre 1923

Villa Raaf-Jeanneret

Lotti Raaf and Albert Jeanneret's expectations of this architectural project are clearly summarised in a letter sent by them on 13 August 1923, stipulating changes that they wanted made to the plan that had already been submitted to them. Albert writes: "Lotti's house here in Bulsjo (Sweden), has been constructed in such a way that everywhere I can feel the ease with which the lady of the house can fulfil her desire for constant cleanliness and brightness, and this with a minimum of effort. I would like to feel the same way in my house in Paris" (22).

The message is clear and fits fairly well with Le Corbusier's own expectations expressed, to his own family among others, in his slogan: "the house is a machine for living". Functional features easy to use and maintain had to take precedence over the design of the house, even if Albert, further on in this letter to his brother, says that all the suggestions he has made after perusal of the plans of his future house, are "purely practical", and that a compromise must be reached between these and the more aesthetic, architectonic elements – also of great importance to him.

The programme elements for this construction are those for a standard four-bedroomed house, and include a maid's room, caretaker's apartment, garage and cellar. There is only one exception to the norm: a music room for Albert Jeanneret.

In relation to the completed work, the preliminary design drawn up by Le Corbusier in fact underwent very few changes.

On the trapezoid-shaped plot of land measuring around 12 m x 8 m, upon which the house adjoining the Villa Jeanneret was to be built, the layout is vertical, stretching over five levels.

The basement houses a lumber room, laundry room and boiler room. On the ground floor an inner courtyard acting as a garage adjoins a small garden; this allows access to an entrance area with a long corridor on either side of which are the music room and the caretaker's

La quatrième proposition, définitive, conserve le système du pilotis, tandis que le petit balcon cubique et son ouverture sont alignés sur l'arase du dessous du bâtiment et déplacés à l'extrême gauche de la façade.

Au second niveau, une fenêtre en longueur est déployée d'un bord à l'autre de cette façade. Celle-ci se retrouve sur la façade opposée où l'échancrure au profil conique a disparu laissant la place à un retrait de forme rectangulaire, formant une loggia au premier niveau.

Villa Raaf-Jeanneret

Ce qu'attendent Lotti Raaf et Albert Jeanneret de leur architecte, est clairement résumé dans le courrier que ceux-ci lui envoient le 13/08/1923, pour apporter des modifications aux plans qui leur ont été soumis. Albert écrit : «la maison de Lotti ici à Bulsjo (Suède), est réalisée de telle façon que je sens partout la possibilité pour la maîtresse de maison de satisfaire facilement son désir de constante propreté, de clarté et d'économie d'efforts. Dans et hors la maison ici je sens les mêmes préoccupations que j'aimerais ne pas voir entravées à Paris aussi» (22).

Le message est clair. Il correspond assez bien aux attentes que Le Corbusier a suscitées, y compris au sein de sa propre famille, avec son slogan «la maison est une machine à habiter». Fonctionnalité, facilité d'usage et d'entretien voilà qui doit présider à la conception de cette maison, même si Albert, plus en amont dans son courrier, indique à son frère que toutes les suggestions qu'il lui a faites, suite à la lecture des plans de sa future maison, sont «d'ordre purement pratique» et qu'il faut les «concilier avec le parti pris esthétique et architectonique» auquel il tient également, s'empresse-t-il de préciser.

Les éléments du programme sur lequel les études ont été engagées comprennent l'organisation d'un logement pour quatre personnes, assorti d'une chambre de bonne, d'un studio pour un concierge, d'un garage et d'une cave. A ce programme relativement banal vient

apartment; the maid's room and the staircase leading to the upper floors are situated at the end of this corridor.

The first floor comprises a bedroom for the lady of the house, a smaller one for her husband, and two bedrooms with separate beds for the children. Bathrooms and a spiral staircase leading to the floor above, though smaller than the main staircase, complete the layout arrangement for this floor.

The second floor is entirely dedicated to living space. It accommodates a studio that hinges around a fireside area/living room, a dining room, directly linked to a kitchen and pantry area with its own service entrance, and a passageway, curiously entitled the "parlour".

The third and last floor is a roof garden that runs the whole length of the house.

The two most important points to note about this preliminary design, setting aside its particular qualities or faults to which Le Corbusier would later return, is firstly the way in which it makes light of the constraints that burden this house on three of its sides and secondly, the creation of the "reversed layout".

Le Corbusier overcame those problems caused by the constraints of the site by placing the passages and utility rooms in sections that were less well lit, as these areas do not necessarily require natural daylight. He also took advantage of the space freed by the courtyard in relation to the south-facing party wall and inserted side openings there, as can be seen with the music room and the children's bedroom upstairs; similarly, he introduced openings set back four metres from the bordering edges of the site.

The reversed layout represented a totally novel design concept. Le Corbusier achieved this by inverting the living quarters and the sleeping quarters, i.e. by placing the former on the penultimate floor, with direct access to the roof garden. As Lotti Raaf explains: "our aim was that in the area where we spend most of our time, there should be a maximum amount of sunlight allowed to penetrate and as many

s'ajouter une spécificité : un salon de musique, destiné aux activités d'Albert Jeanneret.

L'avant-projet proposé par Le Corbusier est, dans l'esprit, assez identique au projet qui sera réalisé.

Sur la parcelle de forme trapézoïdale d'environ 12 m x 8 m réservée dans ce projet de maison double à la villa Jeanneret, la distribution s'organise à la verticale sur cinq niveaux.

Au sous-sol sont localisés un débarras, une buanderie et une chaufferie. Au rez-de-chaussée, un préau servant de garage, prolongé par un jardinet, dessert une entrée composée d'un long couloir, de part et d'autre duquel, se trouvent le salon de musique et le studio pour le concierge, tandis qu'au fond sont positionnés l'escalier d'accès aux étages ainsi que la chambre de bonne.

Le premier niveau comprend une chambre pour madame, une plus petite pour monsieur ainsi que deux chambres à deux lits chacune pour les enfants. Une salle de bains, des sanitaires, ainsi qu'un escalier hélicoïdal, plus privatif que l'escalier principal et permettant d'accéder à l'étage au dessus, complètent l'ensemble.

Le deuxième niveau est réservé à la zone de séjour. Il abrite un studio, articulé par un coin cheminée avec un living-room, une salle à manger en relation directe avec une cuisine et son office, possédant sa propre entrée de service, ainsi qu'un espace de dégagement, curieusement intitulé «parloir».

Le troisième et dernier niveau est un toit-jardin dont la superficie recouvre la totalité de celle de l'assiette foncière de la maison.

Ce qu'il faut retenir de l'organisation de cet avant-projet, au-delà de ses différentes qualités ou défauts sur lesquels Le Corbusier aura l'occasion de revenir, c'est comment celui-ci se joue des servitudes qui grèvent cette villa sur trois de ses côtés, ainsi que la trouvaille du «plan renversé»

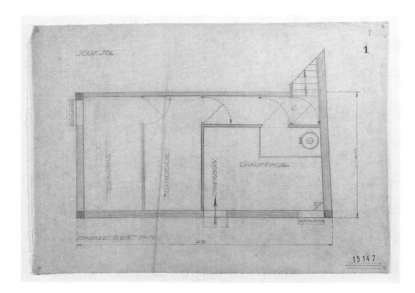

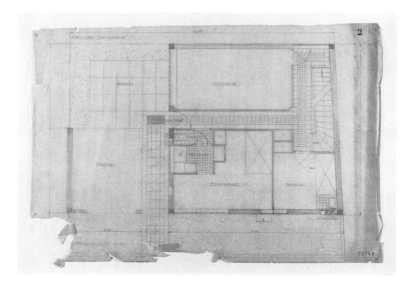

Villa La Roche: preliminary design, basement   Villa La Roche : avant-projet, sous-sol
Villa Jeanneret: preliminary design, ground floor   Villa Jeanneret : avant-projet, rez-de-chaussée

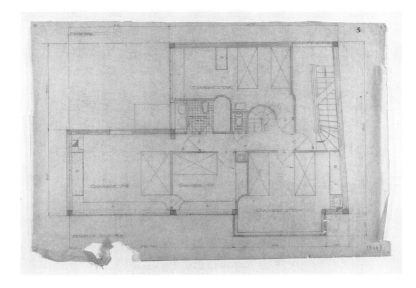

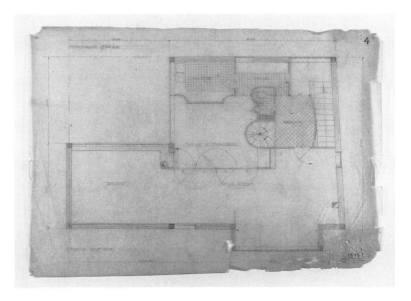

Villa Jeanneret: preliminary design, first floor
Villa Jeanneret: preliminary design, second floor

Villa Jeanneret : avant-projet, premier niveau
Villa Jeanneret : avant-projet, niveau 2

views as possible of the exterior. The room measures 12.50 m in length, which in fact equals the length of the whole house. On first entering this room, the visitor is struck by how airy, bright and colourful it is...it is a feast for the eyes, a symphony created by an artist" (23).

Lotti Raaf and Albert Jeanneret took advantage of the fact that they were temporarily residing in Sweden to show the plans of their house to "people of the profession, who have constructed several garden cities in Sweden, or who are actively involved in the field of housing" (24). Several amendments were thus made to the plans, and Lotti Raaf took great care to present these diplomatically to Le Corbusier: "don't be angry with this letter", she writes, "I really do believe that there are several good points in the amendments suggested. Choose the ones that you deem to be best".

However, the alterations that Le Corbusier finally made to the plans did not really change his initial ones significantly.

The layout of each floor remains the same in the modified plans. On the other hand, on the ground floor there is no longer an entrance way via the inner courtyard adjoining a small garden. Instead the entrance is incorporated into the facade overlooking impasse du Docteur Blanche, opposite the double flight of stairs leading to all floors of the house. An enclosed garage replaces the open inner courtyard, and the small garden is placed a level higher, thus becoming a terrace, enabling light to penetrate the various rooms behind it.

On the first floor the master's bedroom is transformed into a boudoir for the lady of the house, and only one bedroom, behind the bow-window, is allocated for the two children.

On the second floor, the studio has been taken out, and the kitchen pushed back towards the centre of the house, so that this floor could be divided into three living spaces hinging around the fireside area. Shifting the kitchen towards the centre meant that Le Corbusier had to have zenithal light penetrating down from the roof garden.

Sur le premier point, c'est en localisant les zones de circulation ou les pièces de service, susceptibles de se passer de jour direct, et en tirant parti du dégagement produit par la courette par rapport au mur mitoyen au sud, pour y pratiquer soit des ouvertures latérales, comme pour le salon de musique ou une chambre d'enfant à l'étage, soit des ouvertures en retrait à quatre mètres de la limite séparative, que Le Corbusier règle ce problème.

Quant au second point, c'est en inversant la zone jour et la zone nuit, c'est-à-dire en plaçant les pièces de séjour à l'avant-dernier niveau, en contact direct avec le toit-jardin que Le Corbusier apporte une réponse tout à fait originale à la conception de cette maison. Comme l'explique Lotti Raaf : «le but était de bénéficier d'un maximum de soleil et de vues dégagées dans un endroit où on vit le plus. La pièce a 12 m 50 de long, ce qui correspond à la longueur de la maison. La première impression est celle d'air, de lumière, de joyeuse coloration... C'est une symphonie créée par un artiste, une fête pour les yeux» (23).

Résidant momentanément en Suède Lotti Raaf et Albert Jeanneret en profitent pour montrer le projet de leur maison à des «gens du métier qui ont construit plusieurs cités-jardin en Suède ou s'occupent activement du problème de l'habitation» (24). Un certain nombre de corrections vont donc être apportées à ce projet, ce qui oblige Lotti Raaf à prendre vis-à-vis de Le Corbusier quelques précautions pour ménager sa susceptibilité : «ne soyez pas fâché de cette lettre», lui écrit-elle, «je crois vraiment qu'il y a de bonnes choses entre les changements proposés. Prenez-en ce qui vous plaît» (25).

Les changements que Le Corbusier va apporter au projet n'affectent pas d'une manière très importante les dispositions du projet précédent.

Niveau par niveau, l'organisation reste la même. Par contre, au rez-de-chaussée, le principe de l'entrée par un préau prolongé d'un jardinet est modifié. L'accès à la maison se fait désormais sur la façade donnant sur l'impasse du Docteur Blanche, face à l'escalier à double volée qui dessert toute la maison. Un garage

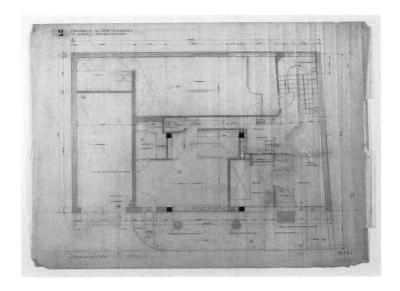

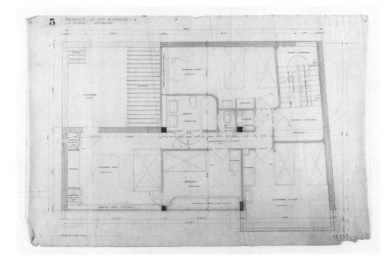

Villa Jeanneret: realised plan, ground floor
Villa Jeanneret: realised plan, first floor

Villa Jeanneret : projet réalisé, rez-de-chaussée
Villa Jeanneret : projet réalisé, niveau 1

More than seven months were to go by between the drawing up of these new plans and the beginning of the construction phase, although Lotti Raaf and Albert Jeanneret wanted to move into their new house as quickly as possible (26).

A Briskly-Conducted Construction Phase

On 25 October 1923, Raoul La Roche sent a letter to Le Corbusier recapping the situation and in which he noted the sum of money that he had already put down: FRF 86,229 for the purchase of the land, FRF 10,000 for the extra 30 m², FRF 300 for the model exhibited in the Salon d'Automne, and he added around FRF 11,000 for handover rights. The total amount thus equalling around FRF 107,000, he asked Le Corbusier whether the remainder of the initial allotted sum, equivalent to around FRF 140,000, would be sufficient to cover the construction costs of the house. There is no evidence today of a reply by Le Corbusier to this letter, but the trust his client placed in him is proof enough to prevent us from jumping to any hasty conclusions.

Hence having ironed out all complications relating to this project, Le Corbusier's architectural practice now set to work on the construction drawings and the written documents that needed to be sent to the various companies.

The two technical specifications, or "general conditions" that accompanied these construction drawings for the Villas La Roche-Jeanneret, one of which is dated October 1923 (for the Villa Jeanneret), are relatively brief; they average six pages, and are drawn up from standard documents with almost identical task descriptions.

The excavation section is not detailed. However, in the section on construction materials, in this case reinforced concrete, one part states "the general frame of the construction shall be decided upon by the contractor and shall be composed either of reinforced concrete with girders and decks, or of mixed construction materials, with decks supported by walls and girders".

fermé remplace le préau tandis que le jardinet monte d'un étage et devient une terrasse sur laquelle, les différentes pièces placées sur l'arrière, peuvent prendre le jour.

Au premier étage, la chambre de monsieur devient le boudoir de madame, tandis qu'une seule chambre, celle située derrière le bow-window, est réservée aux deux enfants.

Au deuxième étage, le studio est supprimé et la cuisine repoussée vers le centre de la maison, ce qui permet de diviser ce niveau en trois espaces de séjour organisés autour de la cheminée. Ce déplacement de la cuisine vers le centre oblige Le Corbusier à imaginer pour celle-ci, un éclairage zénithal provenant du toit-jardin.

Plus de sept mois vont se passer entre ce nouveau projet et le début du chantier, malgré le désir de Lotti Raaf et d'Albert Jeanneret d'occuper au plus vite leur maison (26).

Un chantier rondement mené

Le 25/10/1923, Raoul La Roche envoie un courrier récapitulatif à Le Corbusier dans lequel il indique le montant de la somme qu'il lui a déjà versé soit 86.229 frs correspondant à l'achat du terrain, 10.000 frs pour les 30 m² supplémentaires, 300 frs pour l'exécution de la maquette du Salon d'Automne et, ajoute-t-il, environ 11.000 frs pour les droits de mutation. Arrivant à la somme approximative de 107.000 frs, il interroge Le Corbusier pour savoir si la somme restante qu'il a prévue, environ 140.000 frs, suffira à couvrir les frais de construction de la maison. Aucune réponse de Le Corbusier ne nous est connue mais la confiance que son commanditaire lui témoigne, le met à l'abri de toute justification prématurée sur cette question.

Pour l'instant l'atelier Le Corbusier, sorti des incertitudes liées à ce projet, établit les plans d'exécution et les pièces écrites nécessaires à la consultation des entreprises.

Les deux devis descriptifs ou «cahier des charges généraux» qui accompagnent les plans d'exécution des villas La Roche-Jeanneret dont

Villas La Roche-Jeanneret: construction site, 1925
Villa Jeanneret: construction site, view of the
  bow-window, 1924
Villa La Roche: construction site, view of
  the entrance hall, 1924

Villas La Roche-Jeanneret : chantier, 1925
Villa Jeanneret :
  chantier vue du bow-window, 1924
Villa La Roche : chantier vue sur le hall
  d'entrée, 1924

The basement walls are composed of "22 cm-thick bricks, or hollow blocks with cement rendering on the exterior where the internal wall base is 0.30 cm high; for the walls above basement level, these should have 11 cm-thick bricks, hollowed out by 0.05 cm and precast plaster blocks with an option of hollow blocks and precast concrete blocks for the party walls". On the above-grade walls, Le Corbusier planned to apply: "an exterior coating containing lithogen for the facades overlooking the street, and cement and limewash for the facades overhanging the courtyard and party walls".

For the roofing, the specifications state that the non-accessible terraces should have "a volcanic cement screed or if not, then a similar product containing sand and gravel". The same treatment is specified for the accessible terraces, but with a finished surface "in fired paving brick".

For the floors, the chosen materials were as follows: a cement floor for the garages, a second category oak parquet floor for the caretaker's apartment and guest rooms, and black or white tiling for the hall, passageways etc. Linoleum is stipulated for the other bedrooms and areas such as the library in the Villa La Roche.

For the external doors and windows, it is stated that these should be composed of "fixed oak laths with an operable frame in grooved iron". Full sheets of metal are specified for both the garage and entrance doors; for the latter it is also stipulated that they should have "two leaves in smooth metal sheeting for the exterior and mahogany plywood or polished rosewood...with two copper doorknobs". Concerned about the price of these doors, Le Corbusier instead opted for an "all wood" design.

In the section entitled "interior doors and windows", unlike the technical specifications for the Villa La Roche, those for the Villa Jeanneret also inlcude a description of several different-sized cupboards, with details of their shelves and fittings.

l'un, celui de la villa Jeanneret est daté d'octobre 1923, sont relativement succincts, six pages en moyenne, et établis à partir de documents types avec des spécifications pratiquement similaires dans la description des tâches.

Le lot terrassement n'est pas décrit.

Le lot maçonnerie indique pour le béton armé : «l'ossature générale de la construction sera constituée au choix de l'entrepreneur soit (mention manuscrite ajoutée) par un pan de béton armé, poteaux et planchers, soit par une construction mixte, planchers reposant sur murs et poteaux».

Pour les planchers, il est précisé par niveaux leur composition et le type de finition apparente souhaitée comme «plancher haut du sous-sol : dalle et nervures apparentes...plancher haut de l'entresol: sur galerie : dalle unie ou dalles nervures et bacula (épaisseur maximum 0,20) » etc...

La constitution des murs est pour les sous-sols en «briques de 22 ou corps creux enduits au ciment à l'extérieur, avec soubassement à l'intérieur de 0,30 de haut et pour les murs hors de terre, en briques de 11, vide de 0,05 et carreaux de plâtre avec une option en corps creux et parpaings pour les murs mitoyens». Sur les murs en élévation, Le Corbusier prévoit «un enduit extérieur au lithogène pour les façades sur rue et au ciment et lait de chaux pour les façades sur cour et murs mitoyens».

Pour la couverture il est prévu pour les terrasses non accessibles «une chape en ciment volcanique ou produits analogues avec sable et gravillon» et pour les terrasses accessibles, le même dispositif avec une finition de surface «en pavage de briques cuites».

Les sols sont prévus avec une finition par chape de ciment pour les garages, en parquet de chêne 2eme choix pour le logement du concierge et les chambres d'amis, et en carrelage 1/2 cérame blanc ou noir pour le hall, les circulations etc... enfin du linoléum est choisi pour d'autres chambres ou d'autres espaces comme la bibliothèque de la villa La Roche.

On the other hand, in the specifications of the Villa La Roche there is an extra section dedicated entirely to "wood and metalwork".

There is also another special section in the specifications of the Villa La Roche that was never actually incorporated into the construction. This concerns the footbridge on the first floor, above the entrance: "the hand rail of the footbridge shall be supported by 100 cm-high support posts and fitted with a metal sash intended for windows. This sash shall be divided up in such a way that its different sections match those making up the upper portion of the large glass part of the facade".

The design of the glass roof for the terrace covering is likewise precisely described: "a glazed northlight roof with a horizontal double-glazed ceiling and vertical windows". For some openings, particularly the "small gallery window", it is stated that "Baumann" style blinds would be fitted.

The installation of central heating running "on hot water produced by equipment from 'Compagnie Nationale des Radiateurs'", is also stipulated. The boiler that fed this heating system was to run initially from coal; in the winter of 1932/1933 however, a "Wayne" boiler was installed, which, given the correspondence exchanged at this period, was to cause a great deal of problems.

For the remaining sections of the technical specifications there is only one other area that stands out of the ordinary as regards the construction of these two houses: the eight different headings that appear in the following order: the mason, the plumber, the carpenter, the ironsmith, the boiler engineer, the painter (glazer), the electrician, and the linoleum!

Le Corbusier began to approach contractors in December 1923. He already knew most of them, and had even worked with some of them on other construction projects.

This was the case for Summer, an engineer/constructor/contractor, who had fine-tuned a new construction system using concrete and ceramic flags produced by Pima (27). In the

Pour les menuiseries extérieures il est indiqué que celles-ci seront composées de «lattes fixes en chêne avec châssis ouvrant en fer rainé». Les portes de garage sont prévues en tôle pleine ainsi que les portes d'entrée pour lesquelles il est spécifié «deux battants tôle lisse à l'extérieur et contre-plaqué acajou ou palissandre poli... avec deux boutons de cuivre». Soucieux du prix de ces portes Le Corbusier introduit une variante «tout bois».

Le devis descriptif de la villa Jeanneret, par rapport à celui de la villa la Roche, inclut dans le lot «menuiseries intérieures» la description, assortie de leurs dimensions, d'un certain nombre de placards et rangements avec leurs rayonnages et autres équipements.

Cette lacune sera comblée pour la villa La Roche, par l'adjonction d'un descriptif/quantitatif/estimatif supplémentaire des lots «menuiserie et serrurerie».

Toujours pour cette villa est prévu un dispositif particulier qui ne sera pas réalisé par la suite. Il s'agit de la passerelle du premier niveau, située au-dessus de l'entrée : «la balustrade de la passerelle sera de 100 d'appui et garnie d'un châssis métallique devant recevoir des glaces. Les divisions de ce châssis correspondront à celles de la partie supérieure du grand vitrage de façade».

La conception des verrières prévues en toîture terrasse est également soigneusement décrite. Elles seront composées selon le descriptif : «d'un shed vitré avec double plafond vitré horizontal et guichets ouvrants verticaux». Pour certaines ouvertures sont prévus des stores «système Baumann» notamment pour la «petite fenêtre de la galerie».

Il est également envisagé l'installation d'un chauffage central «par l'eau chaude avec appareils de la Compagnie Nationale des Radiateurs». Dans un premier temps la chaudière alimentant ce système de chauffage fonctionnera au charbon, par la suite, une chaudière au fuel de marque Wayne sera installeé au cours de l'hiver 1932/33 au vu de la correspondance échangée, celle-ci posera de nombreux problèmes.

project for these two houses, Summer was assigned to work on the excavations, the shell of the building, and the masonry.

The carpentry firm, Louis, had also worked with Le Corbusier before, and in this project was assigned both to the carpentry and metalwork, as well as to producing the furnishings.

The same was true for the companies Célio, assigned to the painting and glazing work, and Crépin, a general gardening firm, with whom Le Corbusier was to later work again on other projects.

Other subcontracted firms involved in the construction of these two houses included Pasquier (heating), Zanotti (roofing/plumbing), and Barth et Primart (electricity).

The overall cost of these subcontractors totalled FRF 200,000 for the Villa La Roche, and 140,000 for the Villa Jeanneret.

Le Corbusier's two clients must have been somewhat taken aback by these amounts, especially considering that Raoul La Roche had originally only budgeted FRF 140,000! In fact, this amount only covered the cost of the shell of the building, charged to La Roche by the company Summer! (28).

Le Corbusier wrote to the Raaf-Jeanneret family on 20 March 1924, by which point the agreements had been signed for more than two months and there was still no sight of any construction work beginning. In his letter he stated that in fact the total sum of money for these agreements equalled FRF 140,000. Perhaps to make this pill easier to swallow, Le Corbusier added that Pierre Jeanneret and himself had decided not to apply their normal rate of 7% for their fees, but instead to evaluate the latter on a prorata basis at different stages of the construction (29).

The initial lump sum indicated above was to be further increased throughout the construction process, especially for the Villa La Roche, due to costs brought about by extra work that had not been accounted for and alterations to the original layouts.

Pour le reste, ces descriptifs n'indiquent rien d'autre de bien particulier au regard de la construction de ces deux villas, si ce n'est qu'ils sont rédigés en direction de huits corps d'états comprenant dans l'ordre suivant : le maçon, le plombier, le menuisier, le serrurier, le chauffeur, le peintre (vitrerie), l'électricien et le linoléum !

La consultation des entreprises commence en décembre 1923. La plupart des entrepreneurs consultés sont connus de Le Corbusier qui a eu l'occasion de les employer sur d'autres chantiers.

C'est le cas de Summer, ingénieur/constructeur/entrepreneur qui a mis au point un nouveau système constructif utilisant des dallages en béton et céramique de marque Pima (27) et qui va réaliser les terrassements, le gros œuvre et la maçonnerie.

C'est également le cas de l'entreprise de menuiserie Louis qui va être chargée de la menuiserie mais également de la serrurerie et de la fabrication de mobilier.

C'est le cas de l'entreprise Célio pour le lot peintures et vitrerie et Crépin, entreprise générale de jardins que Le Corbusier retrouvera ultérieurement sur d'autres chantiers.

Les autres entreprises soussmissionnaires sont Pasquier pour le chauffage, Zanotti pour le lot couverture/plomberie, Barth et Primart pour l'électricité etc...

Le résultat de l'appel d'offres aboutit à un montant de 200.000 frs pour la villa La Roche et de 140.000 frs pour la villa Jeanneret.

Ce résultat n'a pas dû être sans surprise pour les deux clients de Le Corbusier si l'on pense que Raoul La Roche avait prévu d'investir environ 140.000 frs. dans cette construction! Somme qui correspondra quasiment au seul marché de gros œuvre que signera Raoul La Roche avec l'entreprise Summer ! (28).

Quant à la famille Raaf-Jeanneret, le 20/03/24, alors que les marchés sont signés depuis deux mois et que les travaux de cette villa ne sont toujours pas commencés, Le Corbusier lui

Due to these unanticipated modifications, "ommitted" services appear in the basic technical specifications, such as the 2/10th apron flashings in galvanised iron that had to be incorporated into all the window sashes, and the roof garden staircase linking its two terraces.

Other extra costs were also engendered through final alterations to some of the designs, such as enlarging the caretaker's apartment.

Similarly, supplementary charges were added on due to special requests made by the client and changes to the original plan; an example of this is the Ronéo metal doors chosen for the interior, which made it necessary for the architects to alter the type of partitioning they had planned on using, since the fast sheets for these doors had to be fixed into it.

Sometimes the contractors took on these modifications without any extra charge. Such was the case for the company Louis, which bore the costs for replacing horizontal hinges with vertical ones in the openings for the four windows set in the north/east facade.

At other times however, complications arose. This was the case with the company Summer, which refused Le Corbusier's request to replace, at the same price, "case-hardened" plaster selected for the facades with a plaster containing white "ground" cement (which was finally rough cast), similar to the type he had used in the Villa Besnus in Vaucresson. The extra cost that this generated was high, equalling FRF 8,000 for the two houses.

The length of the construction process for the two houses was relatively short, lasting for only just over a year. This was not only thanks to the speed at which the companies and architects worked, even if they did at times have to be badgered into coming up with their plans, but also due to the fact that the clients themselves monitored the process closely.

As was often the case in the Le Corbusier-Jeanneret partnership, it was the latter who followed the construction process. Le Corbusier himself dealt with any aspect which

écrit pour confirmer que le montant total de ses marchés s'élève à la somme de 140.000 frs. Dans la foulée et peut-être pour faire mieux accepter ce montant, Le Corbusier ajoute que Pierre Jeanneret et lui-même consentent à ne pas appliquer, pour leurs honoraires, «le tarif habituel qui est de 7%» mais de leur faire bénéficier pour le calcul de ceux-ci, d'une évaluation au prorata par tranches de travaux (29).

Le montant forfaitaire de ces marchés, notamment pour la villa La Roche, va être augmenté en cours de chantier de devis concernant des travaux supplémentaires dus à des imprévus ou à des modifications des dispositions d'origine.

Au titre des imprévus on va trouver des prestations «oubliées» dans le devis descriptif de base comme les bavettes en tôle galvanisée 2/10e qu'il faut intégrer à la fabrication de tous les chassis de fenêtres, ou l'escalier qui depuis le toit-jardin de la villa La Roche, permet de relier ses deux terrasses.

D'autres plus-values proviennent de changements tardifs dans la conception de certains locaux, comme l'agrandissement de l'appartement du concierge.

D'autres enfin sont dues à des demandes du client ou à des changements de prestations non prévues au départ, comme ceux entrainés par le choix des portes métalliques Ronéo à l'intérieur, qui oblige les architectes à changer la nature des cloisons dans lesquelles vont être scellés les dormants de ces portes.

Parfois les entrepreneurs prennent à leur compte, sans plus-value, ces modifications. C'est le cas de l'entreprise Louis qui accepte le changement, par pivots verticaux au lieu d'horizontaux, pour l'ouverture des quatre fenêtres prévues dans la façade nord-est.

D'autres fois cela se passe moins bien comme dans le cas de l'entreprise Summer qui refuse à Le Corbusier de remplacer, pour le même prix, l'enduit en «cémentaline» choisi pour les façades par un enduit au ciment blanc «égrisé» (finement taloché) comme celui qu'il

could irrevokably affect the architectural dimension of the project. This can be seen in the letter sent to the company Summer on the subject of the balcony overhang for the hall staircase: "as agreed during our last visit to the construction site, I confirm that I accept complete responsibility for any consequences that could arise from widening the overhang of the main staircase balcony in the house belonging to Mr. La Roche in Auteuil". He also adds: "I would however be grateful if you could supervise this operation personally, and would ask you to take all necessary precautions to avoid any harm befalling your employees, for which I decline all responsibility!" (31).

Raoul La Roche did not become involved in the construction process. However, he did carefully study the bills addressed to him, paying particular attention to the additional costs generated by extra work (32). Indeed, on various occasions, Le Corbusier even had to justify these costs.

Lotti Raaf, rather than Albert, and by correspondence only, expressed special concern for the fittings and decoration. This can be clearly seen in a letter she addressed to Pierre Jeanneret, dated 30 July 1924, concerning the quality of the paint that had been chosen: "I have told you that the paint contains four times the amount of arsenic than is permitted in Sweden... I beg you to buy the paint elsewhere and to send me two spoonfuls as a sample (in powder form) of the type recommended to my mother" (33). About a fortnight later, a letter was sent in reply; there is no signature, but the style is typically Le Corbusier: "as regards the colour... I immediately dashed out to the painter to request some samples... concerning the bidet, I have made all the necessary arrangements and you shall have a bidet equipped with all the modern fittings... I do hope, my dear Lotti, that you are in good health, that you are living in an atmosphere completely devoid of arsenic, and that you are not worrying too much about your house" (34).

Although relations between the various key players in the construction of the Villas La Roche-Jeanneret were courteous, this was not

a effectué dans la villa Besnus à Vaucresson. Dans ce cas la plus-value est importante puisqu'elle représente un montant de 8.000 frs pour les deux maisons.

La durée du chantier de ces deux villas va être relativement courte, un peu plus d'une année, ceci grâce à la célérité des entreprises, et à celle des architectes, même si ceux-ci se voient à différentes reprises rappeler à l'ordre pour la fourniture de certains plans (30), mais également grâce au suivi de ce chantier par les clients eux-mêmes.

Comme souvent dans l'association Le Corbusier-Pierre Jeanneret, c'est ce dernier qui supervise les travaux, Le Corbusier limitant son intervention à certains points délicats qui engagent la dimension architecturale du projet. A l'exemple de ce courrier envoyé à l'entreprise Summer au sujet du porte à faux du balcon de l'escalier du hall : «comme convenu sur place lors de notre dernière visite au chantier, je vous confirme par ces lignes que je m'engage à supporter les conséquences fâcheuses que pourrait occasionner l'élargissement du porte à faux du balcon grand escalier Hôtel particulier de Monsieur la Roche à Auteuil». Et Le Corbusier enchaîne : «je vous demande toutefois d'assister vous-même à cette opération, et de prendre toutes les mesures nécessaires pour éviter un accident à votre personnel duquel je décline toute responsabilité !» (31).

Raoul La Roche n'intervient pas en cours de chantier. Par contre il est très attentif aux devis concernant des travaux supplémentaires qui lui sont présentés (32). Et Le Corbusier est dans l'obligation à différentes reprises de justifier les dépassements par rapport au forfait de base.

Par correspondance et à défaut d'Albert, Lotti Raaf suit également d'une manière attentive le chantier de sa maison, notamment en ce qui concerne la question de ses aménagements. Témoin, ce courrier du 30/07/1924 dans lequel elle écrit à Pierre Jeanneret à propos de la qualité des peintures choisies : «je vous ai dit que la couleur contient quatre fois plus d'arsenic qu'il n'en est permis en Suède... je vous prie de demander de la couleur d'autre provenance et d'en envoyer à peu près deux cuille-

the case for relations between Le Corbusier and owners of the other residences surrounding these houses, represented for the most part by their architects.

A large number of letters handed down to us today reveal numerous legal problems relating to the question of common ownership. There was, for example, the issue of maintenance of the acacia between the Villa La Roche and the property adjoined to its southern part. In this case, it was the architect Sorel who called Le Corbusier to task concerning the tree planted on the bordering edge between the two properties. Likewise, the architect Sarrazin was concerned about the presence of a staircase on one of the terraces of the Villa La Roche; he said that this staircase did not "conform to regulations", in as much as it afforded direct views down onto the neighbouring property. Le Corbusier turned this argument around, saying that the role of this staircase was one of maintenance, and indeed it was never to be used for any other purpose.

Le Corbusier also had to defend the plan for the openings in these houses. In a letter to his fellow-architect, Plousey, he writes: "these openings will bear iron sashes complete with either polished or reinforced glass: the choice is yours. Their only function is to bring a bit of light into a house that is otherwise deprived of it, since it faces north" (35).

This time the dispute was more serious, as proved by the exchange of registered letters on this subject. This was due to the fact that these openings allowed direct views from the south-west facade. Although the openings were set back 4 m from the bordering edges, they provided plunging views from the first floor down onto the neighbouring properties.

In a letter sent to Mr. Davaray, one of Plousey's clients, Le Corbusier explains: "In spite of the minutely-detailed precautions that you appear to be taking, I feel I must point out to you that in reality one must count on the tact and goodwill of one's neighbours, and I can safely say that in this case you can be assured of both. It is true that from the recessed terrace, which conforms to all regulations, it is possible

rées (en poudre) comme échantillon recommandé à ma mère» (33). Une quinzaine de jours plus tard une réponse est apportée à cette question par un courrier non signé mais rédigé dans le style Le Corbusier : «pour la couleur... j'ai immédiatement été chez le peintre lui demander des échantillons... pour le bidet, j'ai fait le nécessaire, vous aurez un appareil muni de tous les perfectionnements et raffinements possibles... J'espère chère Lotti que vous êtes en parfaite santé, que vous vivez dans une atmosphère dépourvue d'arsenic et que vous ne vous faites pas trop de souci pour votre maison» (34).

Si les rapports entre les différents intervenants de la construction des villas La Roche-Jeanneret, sont courtois, il n'en est pas de même des rapports entre Le Corbusier et les autres propriétaires alentour, le plus souvent représentés par leurs architectes.

Une correspondance importante fait apparaître en effet de nombreux litiges portant sur des questions de mitoyenneté. Parmi celles-ci, par exemple, le problème de l'entretien de l'acacia entre la villa La Roche et la propriété qui lui est mitoyenne au sud. Dans ce cas, c'est l'architecte Sorel qui interpelle son confrère Le Corbusier au sujet de cet arbre planté sur la limite séparative. L'architecte Sarrazin s'inquiète également de la présence d'un escalier sur une des terrasses de la villa La Roche qui dit-il «n'est pas règlementaire» dans la mesure où elle offre des vues directes sur la propriété voisine. Le Corbusier contournera cet argumentaire, en arguant du fait que la fonction de cet escalier, est réservé à l'entretien. De fait celui-ci ne sera jamais utilisé pour autre chose.

Le Corbusier est également obligé de défendre le principe des «jours de souffrance» prévus dans ces villas. Il écrit à son confrère Plousey : «ces jours seront constitués par des châssis en fer avec verre dépoli ou verre armé, à votre choix et qui ont pour unique fonction d'amener un peu de soleil dans la maison qui, par ailleurs, en est totalement dépourvue, son orientation étant au nord» (35).

Cette fois-ci le contentieux, comme en témoignent les échanges de courriers recommandés,

to look directly down onto your property; however, I think you will agree that it would be somewhat puerile to try and build a wall of China against the party wall..." (36).

Furnishings and Fittings

"My dear Jeanneret, upon returning to Paris this morning, I found your book entitled 'L'Art Décoratif d'Aujourd'hui', and I would like to thank you most profoundly for the kind dedication you wrote in it to me. I immediately skimmed through it and read some of the chapters I wasn't yet familiar with; they perfectly complement those chapters printed in 'L'Esprit Nouveau'. Your 'confession' at the end portrays above all the aesthetic labyrinth in which we had been living for several decades, and from which you found a way out, to your great credit. I was thinking about all this only yesterday, standing in front of the Barberine dam that I finally managed to visit; I really am very impressed" (37).

In addition to the issues of urban planning and architecture, the furnishings and fittings were equally important considerations for Le Corbusier in his work on the Villas La Roche-Jeanneret. Like the Esprit Nouveau pavilion designed by Le Corbusier in 1925 for the Decorative Arts exhibition, the Villas La Roche-Jeanneret played the important role of specimen model. They portrayed the true spirit of the journal, and acted as a kind of display cabinet for the different product brand names that Le Corbusier had promised to publicise in this periodical. The aim of this was clearly to promote the ordered, aesthetic qualities of "good" industrial products born from the technical and financial constraints of the modern world of production, whilst rejecting products from the "furniture" industry that on the whole relied on decorative art of the past.

The fittings of the Villas La Roche-Jeanneret comprise both fixed and mobile components. Among the fixed elements figure a certain number of mechanisms actually integrated into the architecture itself. An example of this is the brickwork springings to the right of the glazed sashes, used as chests in which to store

est plus sérieux car il concerne des vues directes depuis la façade sud-ouest, pourtant en retrait de 4 m par rapport à la limite séparative mais ayant des vues plongeantes depuis le premier niveau sur les propriétés voisines.

Dans une lettre envoyée à Monsieur Davaray, client de Plousey, Le Corbusier explique : «je ne peux m'empêcher, toutefois de vous signaler que malgré les précautions que vous semblez vouloir prendre avec une minutie extrême vous ne pouvez en vérité, compter que sur le tact et la bonne volonté de vos voisins et je crois que vous pouvez être assuré de l'un et de l'autre. En effet, de la terrasse de la maison qui se trouve en retrait règlementaire les vues sont directes chez vous et il apparaît quelque peu puéril de vouloir dresser une muraille de Chine sur le mur mitoyen..» (36).

La question du mobilier et de l'aménagement

«Mon cher Jeanneret, rentrant ce matin à Paris, je trouve votre livre sur ‹l'Art décoratif d'aujourd'hui› et vous en remercie vivement ainsi de votre aimable dédicace. Je l'ai immédiatement parcouru et lu quelques-uns des chapitres que je ne connaissais pas encore et qui complètent heureusement ceux déjà parus dans ‹l'Esprit Nouveau›. Et c'est notamment votre ‹confession› à la fin qui montre le labyrinthe esthétique dans lequel nous vivions depuis quelques décades et dont il a été votre énorme mérite de trouver l'issue. J'y ai pensé encore pas plus tard qu'hier, en face du barrage de Barberine que j'ai enfin réussi à visiter; c'est vraiment impressionnant» (37).

Au delà de l'urbanisme et de l'architecture, l'enjeu des villas La Roche-Jeanneret porte également pour Le Corbusier, sur la question du mobilier et de l'aménagement intérieur. De ce point de vue, comme le pavillon de l'Esprit Nouveau que Le Corbusier réalise en 1925 à l'exposition des Arts Décoratifs, les villas La Roche-Jeanneret ont valeur d'exemple. Elles relaient le caractère de manifeste de la revue, en servant de vitrine publicitaire aux différentes marques dont Le Corbusier a assuré la promotion dans les pages de cette même revue.

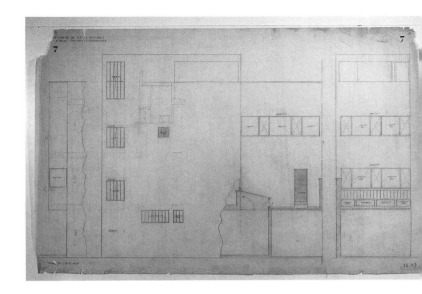

Villa Jeanneret: south-east facade
Villa Jeanneret : façade sud-est

the net curtains; these reappear in the dining room of the Villa La Roche and the living room of the Villa Jeanneret. Here it is worth noting the significance of these net curtains, since neither of the houses contain anything in the way of closures and screenings, such as shutters or blinds.

Another example can be seen in the interior shelves that serve to bear the weight of the sashes, and which by their 22 cm depth also act as radiator shelves and supports for various objects and knick-knacks.

The two fireplaces can also be included in the list of fixed components; here in the Villa La Roche, just as in the Villa Jeanneret, the fireplaces are not positioned traditionally next to the wall, but rather are designed as pieces of furniture, with the additional function of linking certain areas together. This is also exemplified in the Villa Jeanneret, where on the second floor, the fireplaces act as a transition point between the landing of this floor, the dining room and the living room. Similarly, on the first floor of the Villa La Roche the fireplace serves to link the main staircase with the gallery, and on the second floor, to connect the mezzanine with the library.

Here in the library there is another fixed element, the counterpart of which can be found in the Villa Jeanneret — an 89 cm high parapet/bookcase.

In the Villas La Roche-Jeanneret, the architects were to be responsible for practically all the furnishings and fittings. Here, the saying "right down to the very last detail", often applied to modern architecture, was to take on its full meaning, as portrayed in a letter sent by La Roche to Pierre Jeanneret: "have you decided on the type of glassware and table service yet?" (38).

These requests did not particularly bother Le Corbusier, who in his presentation of the Esprit Nouveau pavilion, wrote that the latter should combine: "domestic equipment (furnishings and fittings), architecture (the dwelling), and urban planning (social living conditions)" (39).

Le but poursuivi étant, bien sûr, de valoriser les «bons» produits industriels pour leur rationalité et leur esthétique, issues des contraintes techniques et économiques du monde moderne de la production, au détriment des produits issus de l'industrie du meuble qui dans leur grande majorité s'appuient sur l'art décoratif du passé.

La conception de l'aménagement intérieur des villas La Roche-Jeanneret, en ce qui concerne l'ameublement, comprend des éléments fixes et d'autres mobiles.

Parmi les éléments fixes, un certain nombre de dispositifs sont intégrés dès le départ à l'architecture. C'est le cas par exemple des retombées en maçonnerie de briques que l'on va trouver au droit des châssis vitrés, comme dans la salle à manger de la villa La Roche ou le séjour de la villa Jeanneret, et qui servent de coffres pour les voilages. A noter, d'ailleurs, que ces voilages sont d'autant plus importants que ces villas ne comportent aucun système d'occultation ou de fermeture, type volets ou jalousies.

Autre exemple, les tablettes qui, côté intérieur, servent d'appui à ces châssis mais qui également de par leur profondeur, 22 cm, font office de caches pour les différents radiateurs ainsi que de supports pour la disposition de différents objets, bibelots etc...

Dans le même registre d'éléments fixes, on peut également compter les deux cheminées qui, dans la villa La Roche comme dans la villa Jeanneret, n'occupent pas une position traditionnelle de «coin du feu» adossé à un mur, mais sont conçues comme des meubles, dont la fonction supplémentaire est de servir d'articulation entre certains espaces. C'est ainsi par exemple que dans la villa Jeanneret, la cheminée sert de transition, au second niveau, entre le palier d'accès à celui-ci, la salle à manger et le salon. De même dans la villa La Roche, la cheminée, située au premier niveau, sert de lien entre le dégagement situé à l'arrivée «du grand escalier» et l'espace de la galerie et au second niveau, entre la mezzanine et la bibilothèque.

Dans cette dernière, on trouve un autre élément de mobilier fixe qui a d'ailleurs son ho-

Villa La Roche: gallery fireplace, first floor; door opening onto the loggia (contemporary photograph)

Villa La Roche: view of the library (contemporary photograph)

Villa La Roche : cheminée de la galerie du premier niveau; porte ouverte sur la loggia (photo d'époque)

Villa La Roche : vue sur la bibliothèque (photo d'époque)

Many different suppliers provided furnishings and fittings for the two houses; Le Corbusier had already worked with some of these on previous projects, and he was to work with others again later. The list is too long to detail here, although one example is the company Ronéo, a modern supplier of office furniture; this company, which had already been promoted by Le Corbusier in the Esprit Nouveau journal, provided the metal doors for the houses. Although Ronéo was suitably appreciative of the fact that such a famous architect as Le Corbusier should promote their products, this did not prevent them from billing additional costs (albeit with the utmost courtesy) when the time came for sending the invoices of this project: "I was not in Paris last week, as a result of which I was deprived of the pleasure of hearing you speak at the Sorbonne on Thursday evening. I sincerely hope I will be afforded such an opportunity another time. Regarding the doors for the Jasmin residences, it was understood that the prices we had agreed on were exclusive of priming and coating costs…" (40).

Other suppliers included the department stores "Au Printemps" and "Au Bon Marché"; these provided the net curtains, curtain rails and so forth. Jacquemet et Mesnet supplied the service hoist in the Villa La Roche, and Chalier, specialists in "pin-jointed reflectors" and other made-to-measure aluminium light fittings, supplied the lamps.

As for the furniture, this can be divided into two categories. The first of these was carefully selected and ordered by Le Corbusier from internationally-renowned suppliers, such as Mapple and Co., with whom he placed an order for a "Franklyn" armchair in tobacco brown morocco leather and a "Newstead" armchair for the Villa La Roche. He also went through the company Thonet, which supplied the sets of curved wooden chairs in different sizes for the two houses.

The second category of furniture was designed by Le Corbusier himself; this comprised solely the tables made by the ironsmith Louis, an example of which is described as follows: "a rigid table top made from polished dark mahogany

mologue dans la salle de séjour de la villa Jeanneret, il s'agit du parapet-bibliothèque d'une hauteur de 89 cm.

Dans les villas La Roche-Jeanneret, les architectes vont avoir la responsabilité quasi totale des aménagements. Ici le slogan «de la petite cuillère à la ville», souvent utilisé à propos de l'architecture moderne, trouve tout son sens, comme en témoigne ce passage d'un courrier de La Roche envoyé à Pierre Jeanneret : «êtesvous fixé sur le choix de la verrerie et du service de table ?» (38).

Cette exigence ne déplaît pas à Le Corbusier, lui qui pouvait écrire, en exergue de la présentation de son pavillon de l'Esprit Nouveau, que celui-ci devrait lier «indissolublement l'équipement domestique (le mobilier) à l'architecture (l'habitation, le logis) et à l'urbanisme (conditions de vie d'une société)». (39)

Pour l'ameublement figure toute une liste de fournisseurs avec lesquels Le Corbusier a déjà travaillé ou que l'on retrouve plus tard sur d'autres chantiers. Sans que cette liste soit exhaustive, il s'agit par exemple de la maison «Ronéo, organisation moderne de bureaux» qui pour ces villas va fournir des portes types, en métal. Cette société qui a déjà bénéficié de différentes publicités dans les pages de «l'Esprit Nouveau», apprécie le fait qu'un architecte, connu comme Le Corbusier, fasse la promotion de ses produits, ce qui ne l'empêche pas avec beaucoup de courtoisie de facturer des plus values sur ce chantier quand celles-ci se présentent: «J'étais absent de Paris la semaine dernière et celà m'a privé du plaisir de vous entendre à la Sorbonne jeudi soir. J'espère bien que cette occasion me sera offerte une autre fois. En ce qui concerne les portes des hôtels de Jasmin, il était bien entendu que les prix que nous avions faits s'entendaient sans préparation ni enduit…» (40).

Parmi les autres fournisseurs, on trouve les magasins «Au Printemps» ou «Au Bon Marché» en ce qui concerne certains tapis, voilages, tringles à rideaux etc…la maison Jaquemet et Mesnet pour le monte-plat de la villa La Roche ou la maison Chalier, spécialiste des«réflecteurs articulés» et autres rampes

Villa Jeanneret: living room
(contemporary photograph)
Villa Jeanneret: fireplace and dining room
(contemporary photograph)
Villa La Roche: dining room
(contemporary photograph)

Villa Jeanneret : le séjour (photo d'époque)
Villa Jeanneret : la cheminée et la salle à
manger (photo d'époque)
Villa La Roche : la salle à manger
(photo d'époque)

parquet, set on smooth iron turbular legs that produce the effect of polished steel" (41).

Later on, even after the keys to the Villa La Roche had been handed over, Le Corbusier continued to supervise the choice of furniture for this dwelling; he recommended Raoul La Roche to recover some of the pieces of furniture from the Esprit Nouveau pavilion, and he also designed some new pieces.

Completion of the Project and Handover of the Keys

Raoul La Roche wrote a letter to Le Corbusier dated 4 January 1924 (it was in fact 1925): "I am writing to extend my sincere thanks to you for your kind letter and the album of drawings you gave me as a New Year present. Accepting it fills me with remorse, knowing that all the drawings, watercolours, plans etc. that it contains and on which you worked for several years, represent for you a real treasure trove of your ideas and discoveries. It must have been extremely hard for you to part with this album, and this makes me all the more appreciative of your generous gesture" (42).

As this letter points out, the album that Raoul La Roche was referring to mostly contains drawings that were compiled on trips they had made together, especially those to Venice and Vienna. However, it also comprises sketches and preparatory sketches for paintings, together with sketch plans and comments on the "Ville Contemporaine", intended to accommodate 30 million inhabitants, the plans for which Le Corbusier was to exhibit in the Esprit Nouveau pavilion, and which would form the central theme of his book entitled "Urbanisme", published in the same year.

This invaluable gift from Le Corbusier to Raoul La Roche was extremely personal. It was probably given as a show of gratitude to Raoul La Roche, who besides being an exemplary client, had also become a true disciple of Le Corbusier, even if the theories of the latter did sometimes leave La Roche a little perplexed (43).

d'éclairage en alumium découpées à la demande, pour les luminaires.

Côté meubles, ils sont de deux sortes. Les premiers sont soigneusement choisis par Le Corbusier chez des fournisseurs de renommée internationale comme Mapple and Co., chez lequel il passe commande d'un fauteuil «Franklyn» en maroquin havane et d'un fauteuil «Newstead» pour la villa La Roche, ou Thonet qui fournit des lots de chaises en bois courbé de différents formats pour les deux villas.

Les seconds sont dessinés par Le Corbusier lui-même. Il s'agit exclusivement des tables fabriquées par le serrurier Louis et dont un des modèles est décrit de la façon suivante : «plateau rigide en parquet d'acajou foncé poli, posé sur des pieds en tubes de fer assez lisses pour imiter l'acier poli» (41).

Plus tard, après la livraison de la villa La Roche, Le Corbusier continuera à s'occuper du mobilier de celle-ci, en proposant à Raoul La Roche de récupérer certaines pièces provenant du Pavillon de l'Esprit Nouveau ou en dessinant de nouveaux meubles.

Inauguration et livraison

Avec une erreur de date bien compréhensible en cette période de l'année, Raoul La Roche écrit à Le Corbusier le 4 janvier 1924 (en fait 1925) : «Je viens vous remercier sincèrement de votre aimable lettre et de l'album de dessins que vous m'offrez pour la nouvelle année. J'ai presque des remords d'accepter ce dernier, me disant que tous les dessins, aquarelles, plans etc... qu'il contient et auxquels vous avez travaillé pendant plusieurs années, constituent pour vous un vrai trésor d'idées et de trouvailles; il a donc dû vous en coûter de vous séparer de cet album et je suis d'autant plus sensible à votre geste généreux» (42).

Cet album auquel fait référence Raoul La Roche, tel qu'il l'indique dans ce courrier, contient à la fois des dessins tirés de voyages faits ensemble, notamment à Venise et à Vienne, mais également des croquis ou études préparatoires pour des tableaux, enfin des croquis et des indi-

A fortnight after this letter was written, Raoul La Roche, feeling indebted to Le Corbusier, yet also wanting to thank Pierre Jeanneret in some way for all his help, and to hasten the completion of the house, issued the following challenge to the architects: "I am pleased to inform you that if by the 10th March the work on my house has reached the stage whereby I can move in, then I shall extend my gratitude for the wonderful work you have carried out by offering you a 5HP Citroën of your choice and for your joint use" (44).

The challenge was taken up. Raoul La Roche wrote another letter on 13 March 1925: "I am writing to thank you for the letter you sent to me yesterday evening during the inauguration of 10 square du Docteur Blanche. This house fills me with joy and I am deeply grateful to you. You have produced a truly remarkable work of art and I am convinced it will become a milestone in the history of architecture" (45).

The final cost of the Villa La Roche such as it figured in the spring of 1925 stood at around 300,000 FF (1,350,000 FF at 1996 value), thus exceeding the original price by 50%. Judging by the praise and thanks bestowed by Raoul La Roche on his architects, it would seem that this considerable increase in price had no particularly adverse effect upon their relationship. What did prove more worrisome however, were the different problems that this house, designed by two relatively inexperienced, experimenting architects, was very soon to cause him.

Alterations and Maintenance

After the villa had been completed, Le Corbusier, eager to have his new creation photographed, once again hired the landscape gardener Crépin for the finishing touches: laying strips of lawn and planting the roof gardens.

Setting aside the usual problems of water leakages and other similar minor incidents that occur when any new building is initially put to use, it would be interesting to examine other areas of expense that the owners took on regarding their respective properties.

cations sur la Ville Contemporaine pour trois millions d'habitants dont Le Corbusier va exposer les plans dans le Pavillon de l'Esprit Nouveau et qui sera le thème central de son livre «Urbanisme» publié la même année.

Il s'agit donc, de la part de Le Corbusier envers Raoul la Roche, d'un cadeau à la fois personnel et extrêmement précieux. La raison en est peut être la gratitude qu'éprouve Le Corbusier envers Raoul la Roche, qui au delà du fait d'avoir été un client exemplaire, est devenu un véritable disciple de l'architecte, même si parfois les théories de celui-ci laissent La Roche quelque peu perplexe (43).

Une quinzaine de jours après ce courrier, Raoul La Roche, qui ne veut pas être en reste avec Le Corbusier mais souhaite également remercier Pierre Jeanneret pour ses services et activer la fin des travaux de sa maison, lance un défi à ses architectes en leur écrivant : «j'ai le plaisir de vous informer que, si à la date du 10 Mars prochain ma maison se trouve suffisamment terminée pour qu'il me soit possible d'y aménager..., je vous offrirai en témoignage de ma satisfaction pour le beau travail accompli une 5HP Citroën, modèle à votre choix, pour votre usage commun» (44).

A deux jours près, le défi sera relevé. Par un courrier en date du 13/03/1925, Raoul La Roche écrit à nouveau : «Je viens vous remercier de la lettre que vous m'avez remise hier au soir au moment de l'inauguration de ma maison, 10 square du Docteur Blanche. Cette maison me procure une vive joie et je vous exprime ma reconnaissance. Vous venez de réaliser une œuvre admirable et qui, j'en suis convaincu, marquera une date dans l'histoire de l'architecture» (45).

Le coût final de la villa La Roche, telle qu'elle sera livrée au printemps 1925 sera estimé à environ 300.000 frs (1.350.000 frs valeur 1996), soit un dépassement de prix de 50%. Il ne semble pas, vu les louanges et les gratifications apportées par Raoul La Roche à ses architectes, que ce dépassement de prix, pourtant important, ait affecté leur relation. Pas plus que les différents tracas que cette maison expérimentale, réalisée par deux architectes

From 1926 onwards, Raoul La Roche was to request that certain alterations be made, particularly concerning the gallery. He wrote to Pierre Jeanneret: "As it is reasonable to assume that it does not rain all the time, I would like to have a curtain hung on the east side of my gallery. When the sun is out it beats directly down onto a number of my paintings, and whatever Le Corbusier might have to say about this, I nevertheless find it rather worrying, especially for the Braque and Picasso paintings, for which I suspect the paints used were not light or heat-resistant." Raoul La Roche therefore suggested the following: "a white canvas curtain should also serve the purpose of diminishing the noise level in the gallery; this noise can be rather intrusive, especially if people talk quite loudly" (46).

At the end of 1927 Raoul La Roche sent another letter to Le Corbusier asking him to "please give careful consideration to the possible changes to be made...to the gallery" (47). These changes involved moving radiators to distribute heat more effectively, repairing the parquet which had all too quickly fallen into a state of ruin, adjusting the lighting system, hanging the curtains, repairing some of the furniture and so forth; in short little less than a complete overhaul of the gallery furnishings was planned, with the partnership of Charlotte Perriand.

The main features of this refurbishment are made apparent in a fairly detailed perspective drawing. In the centre of the room one can see the rectangular table with its V-shaped base. The long light fitting, part of which faces upwards, is on the left of this table and is parallel to the south facade; this serves to illuminate the paintings. The bookcase cabinet stands on the same side, beneath the access ramp leading to the mezzanine. A radiator initially fitted into the ramp wall was placed in front of the parapet of this wall. The shelf fixed to the top of the radiator was made bigger than the one before. The original parquet floor was replaced with rose-coloured linoleum, and the concrete floor of the ramp was covered by a new rubber mat.

encore peu expérimentés, ne va pas tarder à lui causer.

Modifications et maintenance

Après l'inauguration, Le Corbusier, désireux de faire photographier sa réalisation, relance le paysagiste Crépin pour que celui-ci termine les travaux d'aménagement des plates-bandes engazonnées mais également les plantations des toits-jardins.

Si l'on excepte les problèmes traditionnels de fuites d'eaux et autres petits sinistres inhérents à la mise en route de toute construction, il est peut-être intéressant de voir comment vont être investies ces villas par leurs propriétaires respectifs.

Dès 1926 Raoul La Roche demande des modifications, notamment dans la galerie. Il écrit à Pierre Jeanneret : «Comme il est permis de prévoir qu'il ne pleuvra pas toujours, il faudra envisager la question d'un rideau à placer dans ma galerie, côté est. Lorsqu'il y a du soleil, il tape en plein sur plusieurs de mes tableaux, et quoique en dise Le Corbusier, cela n'est pas sans m'inquiéter un peu surtout à cause des tableaux de Braque et de Picasso qui, je crains, n'ont pas été peints avec des couleurs résistant à toute épreuve». Et Raoul La Roche propose : «un rideau en toîle blanche, comme les autres, je pense, aurait aussi l'avantage d'atténuer un peu la sonorité de la pièce, qui est parfois gênante, surtout lorsque plusieurs personnes y parlent à voix un peu forte» (46).

Fin 1927 Raoul La Roche adresse un courrier à Le Corbusier lui demandant de «bien vouloir réfléchir sur les changements éventuels à apporter...à l'ensemble de la galerie» (47). Ces changements concernent des déplacements de radiateurs, pour améliorer le rendement du chauffage dans cet espace, la réfection du parquet qui s'est trop rapidement dégradé, le système d'éclairage, la mise en place de rideaux, le mobilier etc... Bref une refonte assez complète de l'aménagement de cette galerie va avoir lieu à laquelle sera associée Charlotte Perriand.

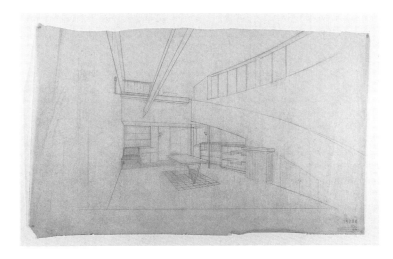

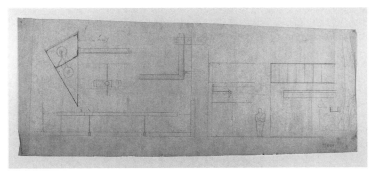

Villa La Roche: gallery; modification plan, 1928

Villa La Roche: gallery; plan for the light fittings

Villa La Roche : galerie; projet de modification, 1928

Villa La Roche : galerie; étude de réflecteurs

Other alterations were also made in the villa, for example the brickwork parapet in the library was demolished and replaced with one made from reinforced concrete "complete with shelf and ledge"; this work was carried out by the company Summer, which also took on some of the minor demolition and reconstruction work that had to be undertaken in the gallery.

Another project, which in fact never bore fruition but which caused La Roche and Le Corbusier a great deal of concern after the completion of the gallery, concerned how the paintings were to be displayed; these were not to be hung from the picture rails, yet they had been assigned no particular space. For Le Corbusier the answer was simple; perceiving a painting as he would a book, he invented the concept of an "exhibition cabinet", which he suggested should be set against the wall on the right as one enters the gallery. However, the very size of this planned piece of furniture horrified Raoul La Roche who wrote to Le Corbusier saying: "The more I think of it, the more I consider it a great shame to place this piece of furniture right in the middle of the 'Art Gallery' (if indeed it still is one!), since it would cut the gallery in two halves, creating yet another antichamber to add to the many I already have" (48).

In 1929, Le Corbusier was to continue in his role as Raoul La Roche's interior architect. Together with Charlotte Perriand, he designed some pieces of furniture that were exhibited at the Salon d'Automne in the same year. Le Corbusier advised La Roche to procure two armchairs in the collection, but despite the agreed reduction in price, it would appear that La Roche only took one; he writes: "having carefully looked over the famous Comfort A armchair, I notice that it is in fact a little faded and hence could be difficult to sell...I am therefore keeping it, although somewhat reluctantly..." (49).

During the year 1930, a new metalwork company, Bourgeois, carried out renovation work on the sashes in the villa, such as the large glazed sash, whose structure needed to be strengthened. Also at this time the same company was assigned the task of installing up-

Un dessin perspectif assez précis montre les caractéristiques principales de ce réaménagement. Au centre de la pièce est représentée la table rectangulaire avec son piètement en V, déjà citée. Sur la gauche de cette table, en partie haute et en parallèle du mur de la façade sud, la longue rampe d'éclairage, destinée aux tableaux, fait son apparition, de même que le meuble bibliothèque positionné sous la rampe d'accès à la mezzanine. Un radiateur, initialement encastré dans le mur de la rampe, est repositionné devant le parapet de celle-ci. Il est surmonté d'une tablette plus importante que celle existant précédemment. Au sol un linoléum de couleur rose va remplacer le parquet initial tandis qu'un tapis en caoutchouc vient recouvrir le sol en béton de la rampe.

D'autres modifications ont lieu dans la villa, comme par exemple la démolition du garde-corps en briques de la bibliothèque et son remplacement par un garde-corps en béton armé «avec tablette et rebord», réalisé par l'entreprise Summer qui est également chargée des autres travaux concernant les démolitions et reconstructions mineures qui ont lieu dans la galerie.

Un autre projet qui, ne sera pas réalisé, mais qui aura préoccupé La Roche et Le Corbusier dès la livraison de la galerie, intéresse le rangement des tableaux qui ne sont pas accrochés aux cimaises et pour lequel aucun espace n' a été spécialement prévu dans la villa. Pour Le Corbusier, la réponse apparaît simple, considérant un tableau comme un livre, il invente l'idée d'un «casier à tableaux» qu'il propose de placer sur le mur de droite en entrant dans la galerie. Les proportions trop importantes de ce meuble effraient Raoul La Roche qui écrit à Le Corbusier : «Plus j'y pense, plus je trouve dommage de le placer au milieu de la ‹Galerie de tableaux› (si c'en est encore une !) la coupant ainsi en deux morceaux et créant encore une antichambre alors que j'en ai en nombre» (48).

En 1929 Le Corbusier continue d'assumer son rôle d'architecte d'intérieur auprès de Raoul La Roche. Il s'agit cette fois des éléments de mobilier, réalisés en collaboration avec Charlotte Perriand, et qui vont être présentés au Salon d'Automne de la même année. Le Corbusier

right screens in painted metal sheeting on the roof terraces, so that Raoul La Roche could enjoy more privacy.

Six years later, in 1936, major repairs were carried out on the interior and exterior paintwork, and the heat insulation of the villa was improved by lining some of the walls and ceilings with Isorel insulation panels.

After this, the outbreak of war meant that no repairs could be undertaken. It was not until 1966, one year after Le Corbusier's and Raoul La Roche's deaths, that the villa underwent a renovation programme, instigated by the Association pour La Fondation Le Corbusier. One of Le Corbusier's former colleagues, Mr. F. Gardien, was assigned this project by the Association.

The La Roche Collection

Le Corbusier: "La Roche, when one owns such a splendid art collection as yours, one must construct a house that does it honour" (50).

Before meeting Le Corbusier and Amédée Ozenfant, Raoul La Roche was not overtly interested in modern art; indeed up until this meeting no trace of such art existed in his apartment in Les Invalides. The first time that Raoul La Roche came into any contact with C.E. Jeanneret's painting was at the Thomas gallery in Paris in 1918, at an exhibition initiating the artist's works. At this exhibition he purchased several paintings by both C.E. Jeanneret and Amédée Ozenfant.

Setting aside the actual paintings of these two artists, what Raoul La Roche was really convinced by when purchasing these works was the ideas and ideals advocated by Purism. This movement went one step further than cubism: based on a scientific approach, it sought a balance between realism and the abstract movement, with the aim of providing pictoral art with a new direction. For La Roche, this movement, although a marginal one, represented an act of faith that he recognized as being a part of himself.

propose deux de ces fauteuils à La Roche qui, semble-t-il, n'en garde qu'un malgré la remise de prix consentie, dans la mesure où comme il l'indique : «après avoir examiné le fameux Fauteuil confort A, je constate en effet qu'il est un peu défraîchi et partant peut être difficile à vendre... je le conserve donc, bien que sans enthousiasme...» (49).

Au cours de l'année 1930 une nouvelle entreprise de serrurerie, l'entreprise Bourgeois réalise divers travaux dans la villa. Ceux-ci concernent la révision de différents châssis, comme le grand châssis vitré du hall, qui nécessite un renforcement de sa structure. C'est également au cours de ces travaux que sont mis en place les écrans verticaux en tôle peinte, permettant une plus grande intimité dans l'utilisation des toitures terrassés.

Six ans plus tard, en 1936, nouvelle campagne de travaux portant sur la réfection des peintures intérieures et extérieures, mais également sur une meilleure isolation thermique de la villa, par la mise en place de doublages sur certains murs et plafonds en panneaux d'Isorel.

Après l'interruption due aux années de guerre, il faut attendre 1966 soit un an après la mort de Raoul La Roche et de Le Corbusier, pour assister à une remise en état complète des villas La Roche-Jeanneret. Cette dernière est entreprise à l'initiative de l'Association pour la Fondation Le Corbusier qui charge Monsieur F. Gardien, ancien collaborateur de Le Corbusier, de cette opération.

La collection La Roche

Le Corbusier : «La Roche, quand on a une belle collection comme vous, il faut se faire construire une maison digne d'elle» (50).

Avant de rencontrer Le Corbusier et Amédée Ozenfant, Raoul La Roche n'était pas particulièrement amateur de peinture moderne. Aucune trace de celle-ci, selon certains temoignages, ne figure dans son appartement parisien du quartier des Invalides avant cette rencontre. La première fois que Raoul La Roche entre en contact avec la peinture de C.E. Jeanneret, c'est à la galerie Tho-

This total commitment by Raoul La Roche to the theories of Purism naturally led him to become a shareholder in the venture of Esprit Nouveau, an "international journal, illustrated with contemporary events", created by Le Corbusier, Amédée Ozenfant, and the poet Paul Dermée in 1920. This journal was published up until 1925, and during these five years, the design and completion of many projects took place, among which figured the Villas La Roche-Jeanneret.

La Roche's role was not just restricted to that of a shareholder: he was also a wise and attentive adviser on matters concerning his friend Le Corbusier. This can be seen in the letter sent on 1st September 1925, in which Raoul La Roche writes: "we have just been forewarned by a group of shareholders whom we did not know up until now, that the journal is to undergo certain changes, and is to follow a new course... it seems that there are several points concerning the running of the company for which you can be reproached. Among these points include numerous and repeated infractions of company law that could necessitate you paying damages to the shareholders". La Roche adds: "it would be extremely tragic if, after five years, the journal to which you have devoted so much time, energy and intellectual thought, should become a subject of concern for you" (51).

It was through the sales held in Paris between 1921 and 1923 by the German collector, Daniel-Henry Kahnweiler, that Le Corbusier and Ozenfant convinced La Roche to begin his collection. And so it was that the latter purchased several paintings by Braque, Picasso and Juan Gris; to this collection he added some 14 paintings by C.E. Jeanneret, who still did not sign as Le Corbusier, and some paintings by Ozenfant, all of which were essentially from the purist period.

During the twenties, La Roche continued to enrich his art collection. He purchased around one hundred works, most of which focused on Purism. Some of these paintings were provided by the famous art dealer Léonce Rosenberg.

mas à Paris en 1918, exposition initiatique à l'issue de laquelle il va acquérir plusieurs tableaux de C.E. Jeanneret mais également d'Amédée Ozenfant.

Au-delà de la peinture de ces deux artistes, ce qui caractérise l'attitude de Raoul La Roche dans la constitution de sa collection, c'est une véritable adhésion aux idées et idéaux qui émanent du purisme. Pour lui, ce mouvement qui se veut l'héritier critique du cubisme et qui prône la recherche d'un juste équilibre entre représentation et abstraction, à partir d'une démarche scientifique destinée à donner une nouvelle assise à l'esthétique picturale, est un acte de foi dans lequel il se reconnaît, quitte à être en marge des milieux officiels de l'art.

Cette adhésion complète de Raoul La Roche aux théories du purisme le conduit naturellement à participer en tant qu'actionnaire, à l'aventure de l'Esprit Nouveau, «revue internationale illustrée de l'activité contemporaine» créée par Le Corbusier, Amédée Ozenfant et le poète Paul Dermée en 1920, revue qui paraîtra jusqu'en 1925, cinq années au cours desquelles, se dérouleront, entre autres, la conception et la réalisation des villas La Roche-Jeanneret.

Actionnaire, mais également conseil avisé et soucieux des intérêts de son ami Le Corbusier, comme en témoigne ce courrier du 01/09/1925 dans lequel Raoul La Roche écrit: «nous venons d'être préssentis par un groupe d'actionnaires que nous ne connaissions pas jusqu'à présent au sujet d'une transformation partielle de la revue et sa reprise sur une nouvelle base... il semble que l'on puisse vous reprocher dans la gestion de la société de nombreuses et répétées infractions à la loi sur les sociétés qui peuvent donner lieu à des dommages et intérêts de la part des actionnaires». Et Raoul La Roche ajoute: «Nous serions vraiment très peinés si la revue à laquelle vous avez voué tant d'efforts et d'intelligence devenait pour vous, après 5 ans d'existence, un nouvel objet de soucis» (51). C'est au travers des ventes du collectionneur d'origine allemande, Daniel-Henry Kahnweiler, qui ont lieu à Paris entre 1921 et 1923, que Le Corbusier et Ozenfant vont décider La Roche à commencer sa collection. Celui-ci acquiert ainsi pour la somme de 50.000 frs. quelques

By means of this collection, Le Corbusier and Ozenfant, drawing on their role as advisers, attempted to demonstrate that cubism was the founding movement of modern art and that purism naturally followed on from it. Thus this collection took on the role of laying out the history of cubism, by analysing and synthesising it, and of contrasting it with the history of purism.

The La Roche collection has been the focus of much research, and offers us the possibility to explore a whole range of issues. A particularly interesting point for example, is to see how the different works of art were arranged in an architectural composition designed by Le Corbusier. In other words, how did Le Corbusier, architect/artist, perceive the relationship between architecture and art in a space not only created by him, but which was also designed to display some of his paintings?

Although fairly extensive information is available to us on this subject, it is however difficult for us today to imagine exactly how the La Roche collection was displayed in this house/gallery especially designed for it. This task is particularly complicated by the fact that over time, this presentation layout of the paintings changed in relation to the purchase or sale of a number of works.

Nevertheless, various photographs, some of which were taken during the years 1925/1926 (52), i.e. just after the construction of the house had been completed, allow us to form some sort of opinion on the subject. As Tim Benton points out (53), the first logic that lies behind the hanging of the paintings is a "programmatic one". As can be seen, for example, in the entrance hall, where the three different stages of Cubism, Analytical Cubism and Purism are exhibited: Braque's "La Musicienne" (1917/1918) is displayed on the left wall, "Composition à la guitare" by Lipchitz (1920) is exhibited on the right wall, and on the large wall facing the entrance is hung "La femme et l'enfant" by Fernand Léger (1922).

In the gallery itself are hung other works by Lipchitz, Ozenfant, and Braque, together with "l'Afficionado ou torero" by Picasso. In the living quarters of this house/gallery, it would ap-

Braque, Picasso, Juan Gris... auxquels il ajoute 14 tableaux de C.E. Jeanneret, qui ne signe pas encore Le Corbusier, toiles provenant essentiellement de la période puriste ainsi que quelques tableaux d'Ozenfant.

Au cours des années 20, La Roche ne va cesser d'enrichir sa collection par d'autres achats. Celle-ci comptera jusqu'à une centaine d'œuvres dont l'essentiel est axé sur le purisme. Certains de ces tableaux proviennent d'ailleurs du célèbre marchand Léonce Rosenberg.

Avec l'organisation de cette collection, Le Corbusier et Ozenfant, profitant de leur rôle de conseils, veulent faire la démonstration que le cubisme est le mouvement fondateur de l'art moderne et que le purisme en est son héritier naturel. Ainsi cette collection a pour objet, d'ordonner une certaine histoire du cubisme, découpée en phases analytique, synthétique, cristal etc.. et de confronter cette histoire à celle du purisme.

La collection La Roche qui a fait l'objet de diverses études, offre un champ de questions parmi lesquelles, celle de la mise en place des différentes œuvres dans une architecture conçue par Le Corbusier n'est pas la moins intéressante. En effet, comment Le Corbusier architecte-artiste envisageait-il la relation architecture-peinture dans un espace créé par lui et qui plus est, destiné également à recevoir certaines de ses toiles.

Sur le plan documentaire, il est difficile aujourd'hui, bien que nous ne soyons pas sans information sur ce sujet, d'imaginer de manière précise la disposition de la collection La Roche dans la maison-galerie conçue spécialement pour l'abriter. D'autant plus qu'avec l'évolution de cette collection, achats ou ventes obligent, la disposition des oeuvres a évolué avec le temps.

Toutefois, différents reportages photographiques, dont certains réalisés dans les années 25-26 (52), soit peu de temps après l'achèvement de la villa, permettent de se faire une opinion. Comme l'indique Tim Benton (53), la logique première de l'accrochage est «programmatique». Ainsi dans le hall d'entrée sont exposées les trois étapes «cubisme, cubisme cristallin et purisme». Sur le mur situé à

pear that La Roche took some liberties with his "purist" line, as can be seen with two paintings by Braque, displayed in the dining room. In Raoul La Roche's monastic bedroom, purism is once more accorded its place, with to paintings by Amédée Ozenfant, and one by Le Corbusier from the series "guitare verticale".

Exhibiting the Paintings

Two letters exchanged over a year, the first between Le Corbusier and Ozenfant, and the second between Raoul La Roche and Le Corbusier, clearly show the crucial role that the presentation layout of these paintings played in relation to Le Corbusier's architecture.

As Le Corbusier points out to Ozenfant: "I am writing to you because I have no time to see you (sic)! It concerns La Roche's paintings; he has asked me to arrange the display of his collection so as to comply with the architecture that houses it. Pierre and I arranged an initial presentation layout, following La Roche's precise instructions; these specified that the gallery should be reserved exclusively for Purism, and he himself even took down several paintings by Picasso that I had hung there...I have seen the major changes that you have made, and although I would ask nothing more than for you to take charge of this presentation layout, I would prefer it to be with my agreement...otherwise, La Roche's villa will become merely a collector's house (like that of a stamp collector)". Concerned with keeping architecture and painting within their own respective fields, Le Corbusier adds: "I am absolutely adamant that certain parts of the house/gallery should remain completely free from paintings, so that a double effect can be created between pure architecture on one side, and pictorial art on the other" (54).

Ozenfant did not reply to this letter, a sign of the growing distance between the two men (their relationship was to finally end in a complete rupture). Instead La Roche replied, alarmed by an article which appeared in "Cahiers d'Art", criticising indirectly the quality of the presentation display in his gallery: "what should I reply to you? You are undoubt-

gauche se trouve «La Musicienne» de Braque (1917/1918), sur celui de droite, la «Composition à la guitare» de Lipchitz (1920) et sur le grand mur qui fait face à l'entrée «La femme et l'enfant» de Fernand Léger (1922).

Dans le salon de la galerie sont disposées d'autres œuvres de Lipchitz, d'Ozenfant, de Braque ainsi que «l'afficionado ou torero» de Picasso. Dans la partie habitation de cette maison-galerie, il semble que La Roche ait pris quelque liberté avec sa ligne «puriste» comme le montrent les deux tableaux de Braque, accrochés dans la salle à manger. Avec la chambre monacale de Raoul La Roche, le purisme reprend ses droits avec deux tableaux d'Amédée Ozenfant et un de Le Corbusier de la série «guitare verticale».

Accrochage, accrochages

Deux courriers, envoyés à une année de distance, le premier échangé entre Le Corbusier et Ozenfant, le second entre Raoul La Roche et Le Corbusier, montrent bien les enjeux que l'accrochage de la collection La Roche ne va cesser de poser au regard de l'architecture de Le Corbusier.

Comme l'indique Le Corbusier à Ozenfant : «je vous écris parce que je n'ai pas le temps de venir vous voir (sic!). Il s'agit des tableaux de La Roche, celui-ci m'avait prié de m'occuper du placement des tableaux de façon à ce que l'agencement soit conforme à l'architecture. J'avais fait un premier placement avec Pierre sur la volonté précise de La Roche qui avait tenu à réserver la galerie exclusivement au Purisme, ayant même emporté lui-même les tableaux de Picasso que j'y avais montés... j'ai constaté les grandes transformations que vous avez faites ; je ne demande pas mieux que vous vous occupiez de ce placement, mais je voudrais que ce soit d'accord avec moi... dans le but d'éviter que la maison de La Roche ne prenne l'allure d'une maison de collectionneur (collections de timbres-postes)». Et dans sa volonté de tenir l'architecture et la peinture, respectivement dans l'autonomie de leur domaine, Le Corbusier ajoute : «je tiens expressément à ce que certaines parties de l'architecture soient absolument débarrassées de ta-

Villa La Roche: purist-style bedroom
 (contemporary photograph)

Villa La Roche : la chambre puriste
 (photo d'époque)

edly right to complain if your walls have been massacred, walls which I was the first admirer. However, please take into account what I have actually massacred, and what I could have massacred...remember the source of my undertaking: 'La Roche, when one owns such a splendid art collection as yours, one must construct a house that does it honour'.

And my reply: 'Very well then, Jeanneret, build this house for me'. And so what happened? The completed house was so beautiful, that on seeing it I exclaimed: 'It is almost a shame to hang paintings in it'. Yet I did hang them there. Could I do otherwise? Don't I have certain obligations to fulfil towards my artists, among whom you yourself figure? I commissioned you to create 'a frame for my collection'. You produced a 'poem of walls'. Which one of us is most to blame?" (55)

Right of Entrance and the "Golden" Visitors Book

Since the La Roche collection was a private one, access to it, as well as to the house accommodating it, was authorised in the following manner: the gallery was open to the public each Tuesday and Friday afternoon, as well as on appointment, following a system set up by Raoul La Roche and Le Corbusier. This played a dual role: on the one hand, it allowed La Roche to broaden his relations in the art world, and on the other, it enabled the architecture of his friend Le Corbusier to be admired.

Between 1925 and 1933, one can note that in the main, visitors to the Villa La Roche were composed of members of the international forum of art and architecture and the private circle of friends and connections common to both Le Corbusier and Raoul La Roche.

Thus it is that today we can see famous signatures, such as those of Luis Barragan, Charles de Beistegui, Marie Dormoy, Jean de Maisonseul, Richard J. Neutra, Pierre Reverdy, Edmond Rosenberg, José Luis Sert, and John Lloyd Wright.

On the flyleaf of the golden book (the visitors book), we can find side by side the signatures of Georges Braque, Amédée Ozenfant, Jacques

bleaux, de façon à créer un double effet d'architecture pure, d'une part, et de peinture, d'autre part» (54).

Ce n'est pas Ozenfant qui va répondre à ce courrier, qui marque déjà une prise de distance entre Le Corbusier et lui (on sait que leur relation se terminera par une brouille définitive), mais La Roche lui-même, alerté par un article paru dans les Cahiers d'Art, critiquant d'une manière indirecte la qualité de l'accrochage effectué dans sa galerie : «que faut-il vous répondre? Vous avez sans doute raison de vous plaindre si l'on vous massacre vos murs dont j'ai été un des premiers admirateurs. Cependant veuillez tenir compte de ce que j'ai massacré et de ce que j'aurais pu massacrer... rappelez-vous l'origine de mon entreprise: ‹La Roche quand on a une belle collection comme vous, il faut se faire construire une maison digne d'elle›. Et ma réponse : ‹D'accord, Jeanneret faites-moi cette maison› Or que s'est-il passé ? La maison terminée était si belle qu'en la voyant, je me suis écrié : ‹C'est presque dommage d'y mettre de la peinture›. J'en ai mis tout de même. Pouvais-je faire autrement? N'ai-je pas certaines obligations vis-à-vis de mes peintres, dont vous êtes d'ailleurs aussi? Je vous avais commandé ‹un cadre pour ma collection› . Vous me fournissez un ‹poème en murs›. Qui de nous deux est le plus fautif ?» (55)

Laissez-passer et livre d'or

La collection La Roche étant une collection privée, son accès au même titre que celui de la villa qui l'abrite, est réglementé selon les modalités suivantes : la galerie est ouverte au public chaque mardi et vendredi après-midi ainsi que sur rendez-vous selon un système de laissez-passer, mis en place par Raoul La Roche et Le Corbusier. Ce dispositif est à double détente. Il permet d'une part à La Roche d'accroître ses relations dans les milieux de l'art et d'autre part de faire apprécier l'architecture de son ami Le Corbusier.

Sur une période allant de 1925 à 1933, on peut observer que les visiteurs de la villa La Roche appartiennent en majorité au milieu international de l'art et de l'architecture ou au cercle des relations de Raoul La Roche et Le Corbusier.

Lipchitz and Hélène de Mandrot. Inside the book other famous signatures also appear, such as Josef Albers, Sigfried Giedion (56), Jean Hélion, Fernand Léger, Sven Markélius, Charles de Noailles, and Henry Russel Hitchcock, to name but a few.

The Issue of Inheritance

Towards the end of 1962, Le Corbusier addressed a letter (57) to his ex-sister-in-law, "Mrs. Lotti Jeanneret", even though she and Albert had been divorced since 1947. In this letter, he informed her that Raoul La Roche had donated him his house situated at "10 square du Docteur Blanche", for the location of the administrative offices for the future Fondation Le Corbusier, the official seat of which was intended to occupy the Villa Savoye in Poissy. Concerned that the Villa La Roche and the Villa Jeanneret should not be separated, since for him they constituted a whole, and in the aim of having them listed as historical buildings (58), Le Corbusier offered to help Lotti Raaf sell her house to the State "at no profit to myself", he stresses. This, he said, was in the aim of preventing "speculators and thieves" from coming forward, if it were to happen that only the Villa La Roche would be listed.

In order to lend more weight to his request, Le Corbusier ended his letter on a familiar and humouristic note, in contrast with the gruff image normally associated with him; he writes: "I imagine that at the moment of writing this, you are sliding along the frozen lake in front of Stockholm. Be very careful of the seals and other dangerous animals that could raise their heads from the icy depths" (59).

This call for family solidarity, intertwined with a seductive note, did not suffice, and Lotti Raaf's reply left no hope for Le Corbusier. In a letter which was deferent yet clear, she writes: "May I congratulate you on your international success, and on the fact that you have been accorded the Villa La Roche. As for my house, I have given first choice to a Swedish man...I therefore consider the matter more or less closed, but thank you anyway for wanting to help me" (60).

C'est ainsi que l'on relève les noms de Luis Barragan, Charles de Beistegui, Marie Dormoy, Jean de Maisonseul, Richard J. Neutra, Pierre Reverdy, Edmond Rosenberg, José Luis Sert ainsi que de John Lloyd Wright.

Le livre d'or ou cahier des visiteurs, sur la page de garde duquel, on trouve côte à côte les signatures de Georges Braque, Amédée Ozenfant, Jacques Lipchitz et Hélène de Mandrot, fait apparaître le nom d'autres visiteurs non moins célèbres aujourd'hui. Pour n'en citer que quelques uns : Josef Albers, Sigfried Giedion (56), Jean Hélion, Fernand Léger, Sven Markélius, Charles de Noailles, Henry Russell Hitchcock etc...

Où il est question d'héritage

Vers la fin de 1962, Le Corbusier adresse à son ex-belle soeur, «Madame Lotti Jeanneret», pourtant divorcée depuis 1947 d'avec son frère Albert, un courrier (57) dans lequel il l'informe que Raoul La Roche lui a fait don de sa maison «10 square du Docteur Blanche» pour y installer le secrétariat de la future Fondation Le Corbusier, dont le domicile officiel envisagé, est la villa Savoye à Poissy. Soucieux de ne pas séparer la villa La Roche de la villa Jeanneret, qui selon lui constituent un tout, et dans le but de les faire classer toutes deux monuments historiques (58), Le Corbusier propose à Lotti Raaf de l'aider à vendre sa maison à l'Etat «sans aucun bénéfice pour moi» , s'empresse-t-il d'ajouter, dans le but d'éviter «les spéculateurs et voleurs» qui ne tarderaient pas à se manifester, dans le cas où, seule, la villa La Roche serait classée.

Pour appuyer sa demande, Le Corbusier n'hésite pas à terminer sa lettre sur un ton familier et humoristique, qui tranche avec l'image d'homme bourru, difficile d'accès, qui lui est souvent accolée. Il écrit : «je pense que tu es actuellement en train de faire du footing sur les glaçons dans la lagune devant la ville de Stockholm. Fais grande attention aux phoques et aux autres animaux dangereux qui pourraient surgir au travers de la glace» (59).

Cet appel à la solidarité familiale, doublée de séduction, ne suffira pas et la réponse de Lotti Raaf ne laisse aucun espoir à Le Corbusier. Dans

Several days after having received this refusal to his request, Le Corbusier contacted Bernard Anthonioz, official representative of the Minister for Cultural Affairs, to inform him of his concern to have both these houses listed together. His argument was that in light of the common-ownership regulations for Square du Docteur Blanche, anyone could alter the buildings, and could even demolish and reconstruct there. He wrote: "it is therefore imperative that the two buildings at 10 and 8 Square du Docteur Blanche, should be legally protected under one and the same law. Mrs. Lotti Jeanneret lives in Stockholm; she is Swedish. I think that in view of the situation, there should be no hesitation in presenting her with a 'fait accompli' (or, more to the point, presenting her purchaser with a 'fait accompli')" (61).

However in spite of all this, on 18 December 1962, Lotti Raaf signed the sales deeds for the Villa Raaf-Jeanneret, handing it over to a certain Mr. Westberg, who eight years later, on 19 January 1970, sold it to the Fondation Le Corbusier.

As regards the Villa La Roche, the inheritance of this followed the same course of steadfast friendship and admiration that had linked Raoul La Roche to Le Corbusier. Following the creation of the Association pour la Fondation Le Corbusier on 13 March 1963, for which Raoul La Roche was elected President of Honour, the latter had two acts drawn up, one on 22 May 1964, the other on 2 July 1964, handing over his property to this association.

As a final anecdote, for his collection linking architecture and painting in a way that had hitherto never been done, La Roche donated these treasures in 1963, a few months before his death, to the Öffentliche Kunstsammlung in Basle.

une lettre, à la fois déférente et lucide, elle écrit : «je te félicite de tes grands succès dans le monde entier, ainsi que d'avoir eu la maison La Roche à ta disposition. Quant à la mienne je l'ai donnée en option à un Suédois... je considère donc cette affaire plus ou moins réglée, mais merci d'avoir voulu m'aider» (60).

Quelques jours après cette fin de non recevoir, Le Corbusier saisit Bernard Anthonioz, Chargé de Mission auprès du Ministère d'Etat chargé des Affaires Culturelles, pour lui faire part de son souci de réunification des deux maisons, dans une même procédure de classement arguant du fait que le règlement de co-propriété du square du Docteur Blanche, s'il fixe des règles édilitaires, ne peut empêcher quiconque de modifier l'état du bâti voire de démolir et de reconstruire. Il écrit : «il serait donc impératif de solidariser les deux maisons du 10 et du 8 Square du Docteur Blanche dans une même loi protectrice. Mme Lotti Jeanneret habite Stockholm; c'est une Suédoise. Je pense qu'il ne faut pas hésiter à la mettre devant le fait accompli (mais, surtout, à mettre son acquéreur devant le fait accompli)» (61).

Par un acte en date du 18/12/1962, Lotti Raaf vend la maison Raaf/Jeanneret à un certain Westberg qui, huit ans plus tard, le 19/01/1970 la revendra à la Fondation Le Corbusier.

L'héritage de la maison La Roche s'inscrit quant à lui dans la continuité des rapports d'indéfectible amitié et d'admiration, qui lient Raoul La Roche à Le Corbusier. Suite à la création, le 13/03/1963 de l'Association pour la Fondation Le Corbusier, dont Raoul La Roche était Président d'honneur, ce dernier fera apport par deux actes, le premier du 22/05/1964 et le second du 02/07/1964, de sa propriété à cette association. En ce qui concerne la collection La Roche et pour conclure cette histoire, associant d'une manière inédite, architecture et peinture, on notera que Raoul La Roche déposera le reliquat de sa collection, peu de temps avant sa mort, à l'Öffentliche Kunstsammlung de Bâle en 1963.

The Lesson Behind the Villas
La Roche-Jeanneret

La Leçon des Villas
La Roche-Jeanneret

Once one has accomplished the ritual visit and quickly unravelled the thread of how the Villas La Roche-Jeanneret came to be constructed, what stands out? At least three interrelated points, which concern not only the architecture of these houses but indeed all of Le Corbusier's following works.

The first involves the radical turn taken at this point with respect to his treatment of the evolute. It appears that Le Corbusier had begun to distance himself from the question of typology that had clearly occupied a central place in his previous research (1) and to place the notion of space at the centre of his thought. Better still, a new spatiality, based (at least as far as the Villa La Roche is concerned) on the notion of enabling the visitor to move in and around the architecture, thereby creating the concept of the "architectural promenade", whose influence can be felt throughout Le Corbusier's subsequent works.

The second interrelated point concerns experiments in the components of the new language that would ultimately constitute a new theory of architecture, further elaborated with each subsequent project. Later developments confirm that this new theory, although revolutionary in spirit and entirely in phase with technological change in the construction industry at the time, nonetheless shares several features with Vitruve's trilogy: firmitas, utilitas, venustas.

The third point raises once again the notion of composition, controlled through the use of regulating lines in the architectural project. This notion is linked (at least in the Villas La Roche-Jeanneret) to reflections on colour, indicating the extent to which the concerns of Le Corbusier the architect and Le Corbusier the painter are in fact two sides of the same quest.

Towards a New Spatiality

The notion of the "architectural promenade", with which Le Corbusier experimented for the first time in the Villa La Roche, offers the advantage of being directly perceptible by the visitor, in so far as the visitor's body and senses are solicited, and he becomes an actor

Que faut-il retenir d'essentiel concernant les villas La Roche-Jeanneret, une fois accompli le rite de la visite et déroulé rapidement le fil de l'histoire de leur construction?
Au moins trois choses, interdépendantes les unes des autres, et qui intéressent non seulement l'architecture de ces villas mais l'œuvre ultérieure toute entière de Le Corbusier.

La première concerne une évolution radicale dans le travail de projet développé jusque-là par Le Corbusier. Prenant un peu ses distances avec la question typologique, telle qu'elle apparaît d'évidence dans ses précédentes recherches (1), il privilégie dans ces villas le travail sur l'espace. Mieux, il invente une nouvelle spatialité, basée au moins en ce qui concerne la villa la Roche, sur le déplacement de l'observateur dans et autour de l'architecture, inventant ainsi le concept de «promenade architecturale» dont on retrouvera l'influence jusque dans ses œuvres ultimes.

La deuxième porte sur l'expérimentation des éléments d'un nouveau langage qui finira par constituer, au fil des projets, une nouvelle théorie de l'architecture. On verra par la suite que bien que révolutionnaire dans l'esprit et complètement en phase avec l'évolution technologique que connaît l'industrie du bâtiment au cours de cette période, cette théorie partage plus d'un trait avec la trilogie vitruvienne : firmitas, utilitas, venustas.

La troisième revient sur la notion de composition et de son contrôle par le tracé régulateur dans le projet architectural, composition à laquelle est associée, dans le cas des villas La Roche-Jeanneret, une réflexion sur la couleur qui montre combien les préoccupations de Le Corbusier architecte et celles de Le Corbusier peintre ne sont que les deux faces d'une même recherche.

Vers une nouvelle spatialité

Le concept de «promenade architecturale», expérimenté pour la première fois par Le Corbusier avec la villa La Roche, a comme avantage pour le visiteur, d'être directement perceptible, dans la mesure où il est fait appel à son corps et à ses sens et où, en quelque

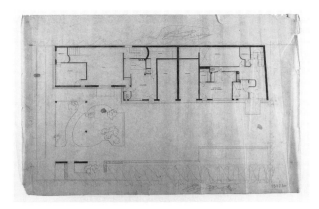

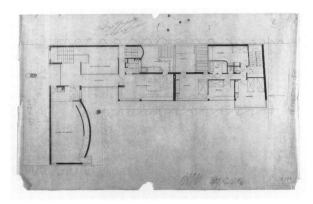

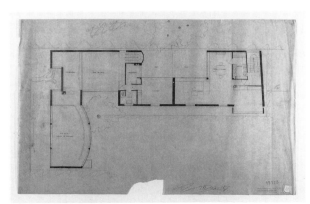

Villas La Roche-Jeanneret: realised plan,
  ground floor
Villas La Roche-Jeanneret: realised plan,
  first floor
Villas La Roche-Jeanneret: realised plan,
  second floor

Villas La Roche-Jeanneret : projet réalisé,
  rez-de-chaussée
Villas La Roche-Jeanneret : projet réalisé,
  niveau 1
Villas La Roche-Jeanneret : projet réalisé,
  niveau 2

in the architecture he confronts. In other words, all the stratagems developed by Le Corbusier in organising this architectural promenade have a single aim: to rouse the senses of the visitor.

We now know the importance of the "lesson of the Acropolis" that Charles Edouard Jeanneret received in his youth, in the course of which he discovered the relationship between architecture and site, a relationship which changes the closer the visitor approaches the site. Le Corbusier's preoccupation with this can be seen through his treatment of access to the Ronchamp chapel and the Tourette convent. Le Corbusier was to repeat this lesson in Rome as well as many other places. For example, after visiting the cities of the M'zab valley and the casbah in Algiers, he wrote of Arab architecture that "[it] teaches us a valuable lesson. It is best appreciated on foot: it is by walking, by moving that one discerns the underlying architectural arrangement. This principle is exactly the opposite of baroque architecture, which is designed on paper around a fixed theoretical point" (2).

Le Corbusier wanted to transcribe this lesson, learned by looking at the past which, according to him "was his only master", to his own architectural constructions, by introducing the notion of progression within his projects. From this time forward, two types of movement, corresponding to different tempos, appear in his projects. The first, direct, is used for purely functional links, and is usually accomplished by secondary staircases or lifts. The second, based on the notion of meandering, is reserved for the sheer pleasure of wandering and discovery, and introduces a new design element: the ramp.

This multiplicity of choice regarding the various routes open to the visitor, present in the Villa La Roche, reached its highest level in the Villa Savoye, and would become a constant feature in later projects such as the Palais des Filateurs in Ahmedabad or the Carpenter Center in Boston, to cite just two examples.

As displayed in the Villa La Roche, another effect of the architectural promenade is that it

sorte, il devient lui même acteur de l'architecture qu'il parcourt. Autant dire que tous les stratagèmes développés par Le Corbusier pour organiser cette promenade architecturale ne visent qu'à un seul but : émouvoir.

On sait aujourd'hui l'importance de «la leçon de l'Acropole» reçue par Charles Edouard Jeanneret dans ses années de jeunesse, leçon au cours de laquelle il découvre la relation entre architecture et site, relation changeante au fur et à mesure de la montée, et dont on retrouvera plus tard des réminiscence dans l'accès à la chapelle de Ronchamp ou au couvent de la Tourette. Cette leçon sera reconduite à Rome mais également dans d'autres voyages au cours d'autres déambulations. Comme par exemple dans la visite qu'il effectue des villes du M'zab ou de la casbah à Alger à propos desquelles il peut écrire : «L'architecture arabe nous donne un enseignement précieux. Elle s'apprécie à la marche, avec le pied : c'est en marchant, en se déplaçant que l'on voit se développer les ordonnances de l'architecture. C'est un principe contraire à l'architecture baroque qui est conçue sur le papier, autour d'un point fixe théorique» (2).

Cette expérience tirée du passé qui, comme il l'affirme «ne fut que son seul maître», Le Corbusier veut la transcrire dans l'architecture qu'il met en œuvre, en introduisant la notion de cheminement à l'intérieur de ses projets. Désormais deux sortes de déplacements, correspondant à des tempos différents, apparaissent dans ses projets. Le premier, direct, est réservé aux simples liaisons fonctionnelles. Il est le plus souvent assuré par des escaliers secondaires ou des ascenseurs. Le second, basé sur la notion de déambulation, est réservé au plaisir de la flânerie et de la découverte. Il introduit un nouvel élément : la rampe.

Cette multiplicité des choix dans les parcours, présente dans la villa La Roche, atteindra son plus haut degré de perfection avec la villa Savoye et deviendra une constante dans les projets ultérieurs comme le Palais des Filateurs à Ahmedabad ou le Carpenter Center à Boston pour ne citer que ces deux exemples. Telle qu'elle est mise en scène dans la villa La Roche, la promenade architecturale a aussi pour effet de donner une autre échelle à l'es-

changes the spatial scale by dilating it in much the same way as the pilotis, which frees up the floor space, the longitudinal window, which brings the surrounding landscape into the house, or the roof garden, which recaptures space lost in traditional roofs.

This is particularly evident given that this villa features two very different interpenetrating spatial scales. The first is reflected in the generous spaces accorded to reception areas such as the hall and gallery. The second, more restrained and anthropometric, is used exclusively in some of the passageways and living quarters.

This contrast is not fortuitous. Rather, it is deliberately intended by Le Corbusier, who explained it a few years later during the construction of two houses on the experimental Weissenhof site in Stuttgart: "One thesis of modern dwellings is introduced here: a vast room in which people live throughout the day, basking in the well-being that large dimensions and a large cube of air provide, in the flow of light. Opening into this large room are boxes intended for functions of short duration, for which regulations in force demand dimensions which are too great, thereby resulting in useless expenditure..." (3)

The staging that Le Corbusier chose for this villa is based on the choice between two routes, one public and the other private. These routes were designed in complete autonomy on the ground floor, as is apparent when one observes the two staircases situated opposite one another on either side of the axis of the entrance hall. These routes converge on the first level via a footbridge, only to resume their separate logic before terminating on the second level, one in mental application as represented by the library, the other in nature, represented by the roof garden.

Along these routes, Le Corbusier employed diverse means to enhance his architecture. First, very sophisticated use of both direct light and backlighting, illuminating the different parts of the building depending on the time of day, drawing on different colours and intensities. Secondly, the very skilful way in which the views are framed: this provides a transition be-

pace en assurant sa dilatation et ce au même titre que le pilotis qui libère le sol, la fenêtre en longueur qui fait entrer le paysage dans la maison ou le toit-jardin qui reconquiert l'espace perdu par les toitures traditionnelles.

Cela est particulièrement sensible, dans la mesure où, dans cette villa s'interpénètrent deux échelles d'espace très différentes. La première s'affirme par une certaine générosité dans le dimensionnement des volumes. Elle est appliquée aux pièces de réception comme le hall et la galerie. La seconde plus restreinte, plus anthropométrique, est réservée à certaines zones de circulation ou aux pièces d'habitation.

Cette opposition n'est pas fortuite. C'est une volonté délibérée de la part de Le Corbusier sur laquelle il s'expliquera quelques années plus tard, au moment de la construction de ses deux maisons dans le lotissement expérimental du Weissenhof à Stuttgart : «une thèse de l'habitation moderne se présente ici: un vaste volume de salle dans lequel on vit toute la journée, dans le bien-être des grandes dimensions et du grand cube d'air, dans l'afflux de lumière. Dégageant sur cette grande salle, des box attribués à des fonctions de plus courte durée et pour la satisfaction desquelles, les dimensions exigées par les règlements en vigueur sont trop grandes, entraînant ainsi une dépense d'argent inutile...» (3)

La scénographie mise en place par Le Corbusier dans la villa La Roche, repose sur le choix entre deux parcours, l'un public, l'autre privé. Parcours conçus d'une manière complètement autonome en rez-de-chaussée, comme le montrent les deux escaliers disposés en face à face, de part et d'autre de l'axe du hall d'entrée. Parcours qui se rejoignent au premier niveau grâce à une passerelle mais dont chacun reprend sa propre logique, pour se terminer au second niveau, l'un avec le lieu de l'esprit, représenté par la bibliothèque, l'autre avec le lieu de la nature, représenté par le toit-jardin.

Au long de ces parcours, Le Corbusier utilise divers moyens pour la mise en valeur de son architecture. D'abord un travail très sophistiqué sur la lumière, qu'elle soit directe ou contre-jour, éclairant selon les heures, avec des

tween the interior and the exterior, the "open" facade no longer an obstacle, and extends the house's spatiality in a surprising way considering the limitations of the plot of land itself. Finally, the judicious use of multiple colours which, as we shall later see, plays a dynamic role in the relationship that the various planes and volumes of this construction manage to establish with one another.

In his quest for a new spatiality, Le Corbusier echoed the work of other European architects and artists, particularly the Dutch De Stijl group. Le Corbusier was among the visitors to the exhibition mounted by the Dutch group at the "L'Effort Moderne" gallery from 15 October to 15 November 1923, and it seems to have had an impact on the design of the Villas La Roche-Jeanneret. One need only compare the various sketches of these villas, drawn before the project was published, and the model presented at the Salon d'Automne, with the project that was finally constructed.

This is not the place for a detailed analysis of an issue which has been discussed elsewhere (4); suffice it to say that the above-mentioned influence can be seen in two closely-related areas.

The first concerns the attempt to decompose "the house as box", a problematic which, beyond Le Corbusier and De Stijl, traverses all modern architecture, as can be seen in the work of Frank Lloyd Wright or Mies van der Rohe. The result of this decomposition is fewer walls and more openings.

The second, a corollary to the first, pertains to the issue of the relationship between volume and plane in architectural expression. The De Stijl model is obviously that used for the Villa Schröder constructed in 1924 by Rietveld, wherein the expression of vertical walls and horizontal planes take precedence over the expression of volume. It is difficult to find a basis for comparing this construction and the Villas La Roche-Jeanneret, except perhaps on one point: that of the substitution of the traditional idea of the facade with that of the shell. In the architecture of these houses the walls become immaterial, taking on the appearance of "pa-

couleurs et des intensités variables les différentes parties de l'édifice. Ensuite, une utilisation savante des vues par des cadrages qui, réalisant la fusion entre l'intérieur et l'extérieur, la «façade libre» ne faisant plus obstacle, étendent la spatialité de cette maison d'une manière inattendue, eu égard à ses contraintes parcellaires. Enfin un recours judicieux à la polychromie qui, comme on le verra plus loin, joue un rôle dynamique dans les rapports que les différents plans et volumes de cette architecture parviennent à nouer entre eux.

Dans cette recherche d'une nouvelle spatialité, Le Corbusier rejoint les travaux d'autres architectes ou artistes européens, en particulier ceux du groupe hollandais De Stijl. L'exposition que ces derniers organisent à la galerie «L'Effort Moderne» du 15 octobre au 15 novembre 1923, visitée par Le Corbusier, a semble-t-il eu quelque influence sur la conception des villas La Roche-Jeanneret. Il suffit, pour s'en persuader, de comparer les différentes esquisses de ces villas, réalisées avant la publication de ces travaux, ou la maquette présentée au Salon d'Automne avec l'architecture qui sera réalisée.

Sans que ce ne soit ici le lieu d'entrer dans le détail de cette question, développée par ailleurs (4), on peut noter que cette influence va s'exercer dans deux domaines intimement liés.

Le premier porte sur la recherche d'une décomposition de «la maison en tant que boîte», problématique qui, au-delà de Le Corbusier et de Stijl, traverse toute l'architecture moderne comme le montrent par exemple l'œuvre de F.L. Wright ou Mies van der Rohe. Cette décomposition a pour effet d'entraîner une diminution de la muralité au bénéfice d'une augmentation des ouvertures.

Le second, corollaire du précédent, porte sur la question du rapport entre volume et plan dans l'expression architecturale, le modèle de Stijl étant évidemment la maison Schröder réalisée en 1924 par Rietveld, dans laquelle l'expression des parois verticales et des plans horizontaux prend le pas sur celle du volume. Difficile d'établir une comparaison entre cette réalisation et les villas La Roche-Jeanneret, excepté peut être sur un point : celui de la substitution de la no-

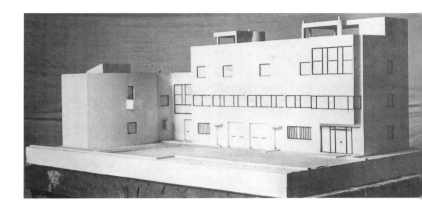

Villas La Roche-Jeanneret: models for the
Salon d'Automne, 1923

Villas La Roche-Jeanneret : maquettes pour le
Salon d'Automne, 1923

per cut-outs". This impression, already given on the outside, is confirmed inside, for example in the construction of the lateral walls of the hallway. Here, surface takes precedence over volume, and the architecture moves toward a certain degree of abstraction. This tendency toward abstraction can also be found in Le Corbusier's paintings of the same period, where the axonometric representation of objects such as guitars or violins has given way to two-dimensional drawings.

A New Form of Architectural Expression

"Yes, I claim to create poems because stopping short of poetry simply doesn't interest me. But I won't accept a poem that is not composed of ‹free words›; I want a poem to be built out of solid words with a defined meaning, grouped into a clear syntax" (5).

Le Corbusier was neither an ideologist nor a theorist coldly imposing his theories before applying them to a project. He was a pragmatist, of the artistic and intellectual type. Guided by his intuition about certain aspects, he often found answers without looking for them. A close reading of his work reveals numerous examples of these after-the-fact theories which are reiterated from one work to another, albeit in slightly modified form. A fine example of this is provided by one of his most celebrated theories, "Les Cinq points d'une Architecture Nouvelle", the seminal text of which was first published in 1927, the year in which Le Corbusier constructed the two houses on the experimental Weissenhof site in Stuttgart.

In the first volume of his "Œuvre Complète" published in 1929, Le Corbusier presented the "Maisons La Roche-Jeanneret" constructed four years earlier. Without taking them up explicitly or in order, or even enumerating them, the accompanying commentary makes references to the "Five Points", as if they had formed the design of this project from the outset (6). The "Œuvre Complète", considered for many years now as the twentieth century's one true architectural manual, in fact posits a degree of coherency a posteriori which did not actually exist.

tion traditionnelle de façade au profit de celle d'enveloppe. En effet dans l'architecture de ces villas, les murs perdent leur matérialité, donnant l'impression d'être comme «des papiers découpés». Cette impression déjà présente à l'extérieur se renforce à l'intérieur avec par exemple le traitement des parois latérales du hall. Ainsi dans cette recherche, la surface prend le pas sur le volume et l'architecture tend vers un certain degré d'abstraction. Celui-ci se retrouve d'ailleurs dans la peinture que Le Corbusier produit au cours de cette même période où l'on peut observer, par exemple, que les représentations d'objets en axonométrie tels que guitare ou violons...ont disparu au profit de représentations qui privilégient le dessin en deux dimensions.

Les éléments d'un nouveau langage

«Oui, je prétends à faire des poèmes, parce que m'arrêter en deçà ne m'intéresse pas. Mais je n'admets de poème que s'il n'est pas fait de ‹mots en liberté› ; je désire un poème fait de mots solides au sens défini et groupés en une syntaxe claire» (5).

Le Corbusier n'est pas un idéologue ni un froid théoricien qui invente des théories avant de les appliquer dans le projet. C'est un pragmatique doublé d'un artiste, un intellectuel aussi, qui a l'intuition de certaines choses et souvent trouve avant de chercher. Pour qui s'intéresse de près à son œuvre, les exemples sont nombreux de ces théorisations d'après-coup, dont l'énoncé qui se répète d'un ouvrage à l'autre est souvent modifié. C'est le cas d'une de ses théories les plus célèbres «les Cinq points d'une architecture nouvelle» dont le texte fondateur sera publié en 1927 à l'occasion des deux maisons qu'il construit dans le lotissement expérimental du Weissenhof à Stuttgart.

Dans le premier volume de l'Œuvre complète qui est publié en 1929, Le Corbusier présente les «Maisons La Roche-Jeanneret», construites quatre ans auparavant, accompagnées d'un commentaire qui, s'il ne reprend ni dans l'ordre ni dans l'énonciation ni dans le même nombre les fameux cinq points, y fait tout de même référence, comme si ceux-ci avaient présidé à la

In short, it is clear that for Le Corbusier theory commences with work on a project, which provides the starting point for developing design bases that can be verified only in the actual construction. This also holds true for the regulating lines which followed, and later, for the Modulor.

While the Villas La Roche-Jeanneret do not stand out as a textbook illustration of the "Cinq Points de l'Architecture Nouvelle" as obviously as the two Weissenhof villas do, they nonetheless reflect the underlying premises.

Le Corbusier's aim in drawing up the Five Points was not to create a vocabulary out of which modern architecture could construct a new syntax. In the original manuscript, he specifies that "These are not aesthetic fantasies or fashions; they are architectural facts" (7). For Le Corbusier, it is a question of "starting from successive observations made on construction sites over the years" (8) to arrive at precise responses to a certain number of practical questions posed by the architectural project. Seen from this point of view, it is not surprising that a close reading of the commentaries in which the Five Points are presented reveals a set of arguments which emphasise the technical and financial issues to the detriment of the purely formal ones, even though Le Corbusier does mention the latter in the final analysis. An example is provided in his discussion of the roof garden, in which he states that "...technical and financial considerations, as well as issues related to comfort or sentiment, have led us to opt for the roof garden" (9).

Thus, from the Dom-Ino house (1914) designed around an open plan and hence an open facade, to the Citrohan house (1920), where the first longitudinal windows and glass walls appear, and before Stuttgart, which marks the end of the application of the Five Points, the Villas La Roche-Jeanneret served as "laboratories", to use another Corbusian formulation.

conception de ce projet (6). C'est à la fois tout le mérite de l'Œuvre complète, devenue depuis des années le véritable manuel de l'architecture du XXeme siècle, de reconstruire ainsi à postériori des cohérences qui dans la réalité n'ont jamais existé.

Bref, on aura compris que la théorie chez Le Corbusier commence à la suite du travail de projet qui, seul, permet de poser des hypothèses, que la construction permettra de valider et qui de ce fait auront quelques chances de devenir théorie. Cela sera le cas également pour les tracés régulateurs dont il sera question par la suite ou plus tard du Modulor.

Si les villas La Roche-Jeanneret ne constituent pas une illustration stricto sensu des «Cinq points de l'Architecture nouvelle» au même titre que les deux villas du Weissenhof, elles en représentent tout de même les prémices.

Pour Le Corbusier, l'énoncé des Cinq points n'a pas pour objectif de créer un vocabulaire à partir duquel l'architecture moderne serait à même de bâtir une nouvelle syntaxe. Dans le manuscrit original il précise d'ailleurs : «Ce ne sont pas des fantaisies esthétiques ou des modes; ce sont des faits architecturaux» (7). Il s'agit pour lui «à partir d'observations successives faites sur les chantiers au cours des années» (8) d'apporter des réponses précises à un certain nombre de questions pratiques posées par le projet architectural. Et de ce point de vue, il n'est pas étonnant que l'analyse des commentaires, qui présentent les Cinq points, fasse apparaître un argumentaire dans lequel les questions techniques et économiques prennent le pas sur le problème formel même si, en dernière instance, Le Corbusier y fait référence. Comme le montre par exemple l'énoncé du toit-jardin à propos duquel il mentionne : «des raisons techniques, des raisons d'économie, des raisons de confort et des raisons sentimentales nous conduisent à adopter le toit-terrasse» (9).

Ainsi sur un parcours qui va de la maison Dom-Ino (1914) conçue autour du plan libre, donc de la façade libre, en passant par la maison Citrohan (1920) où apparaissent les premiers principes de fenêtres en longueur et de pans de verre, et avant Stuttgart qui marque

The Pilotis

"The house on pilotis! The house lodged into the ground results in dark and often humid premises. Reinforced concrete has given us pilotis. The house is in the air, far above the ground: the garden runs under the house; it is also on the house, on the roof" (10).

The frail pilotis which supports the surface of the gallery in the Villa La Roche serves as an example, since it was the first pilotis constructed by Le Corbusier.

It was at Auguste Perret's practice in 1915 that Le Corbusier first came into contact with the idea of the pilotis, via a project by Perret entitled "Cities on Pilotis".

Used in 1922 for the second version of the Citrohan house, it would require another thirty years or so before the full significance of the pilotis reached maturity, with the construction of the "Unité d'habitation" in Marseilles (11). This project symbolises the highest expression of the urban, architectural and technical dimensions of the pilotis.

According to Le Corbusier, using the pilotis as a support for the new "artificial sites" enabled modern urban planning to break free of constraints which stemmed from the nature of property and topography. Accordingly, its value can be defined above all in financial terms, though its technical value is also extremely important, in so far as it obviates the need for basements and other humid enclosures "buried underground". In addition, it makes finding suitable land easier, serving as a solid point of departure for the structure, which can then be taken up in the design of the various floors of the building.

When compared with the traditional components of architecture, it becomes clear that the pilotis has numerous implications for the very meaning of the building. A sort of negative version of the base, it frees up space, with the ground itself becoming an "open plan", and also cancels out the traditional "in front/behind" hierarchy. As Le Corbusier explained: "Consider this entirely new and wonderful ar-

l'aboutissement de l'application de ces Cinq points, les villas La Roche-Jeanneret servent, pour reprendre une autre appellation corbuséenne de «laboratoires».

Les pilotis

«La maison sur pilotis! La maison s'enfonçait dans le sol : locaux obscurs et souvent humides. Le ciment armé nous donne les pilotis. La maison est en l'air, loin du sol : le jardin passe sous la maison, le jardin est aussi sur la maison, sur le toit» (10).

Le frêle pilotis, qui soutient le volume de la galerie de la villa La Roche, a valeur d'exemple. C'est en effet le premier pilotis construit par Le Corbusier.

C'est chez Auguste Perret en 1915 que Le Corbusier découvre l'idée de pilotis à travers le projet de ce dernier intitulé «les Villes sur pilotis».

Utilisé dès 1922, avec la seconde version de la maison Citrohan, le pilotis atteindra, une trentaine d'années plus tard, avec l'édification de l'Unité d'habitation de Marseille, sa pleine maturité quant à son niveau de signification (11). C'est en effet dans ce projet, que la triple dimension urbaine, architecturale et technique du pilotis trouve son accomplissement.

Support de nouveaux «terrains artificiels», le pilotis permet, d'après Le Corbusier, à l'urbanisme moderne de s'affranchir des contraintes liées à la propriété foncière et à la topographie.
Il a donc avant tout une valeur économique. Technique aussi, dans la mesure ou il supprime les caves et autres locaux humides «enfouis dans le sol», permet de trouver avec économie le bon sol et sert de départ à la structure, qui peut après se poursuivre dans la conception des différents étages du bâtiment.

Confronté aux éléments de l'architecture classique, le pilotis apporte une évolution qui a de nombreuses répercussions sur la signification des bâtiments. Version en négatif du socle, il libère l'espace, le sol devenant ainsi à son tour un «plan libre» et supprime la hiérarchisation traditionnelle devant-derrière. Comme l'explique Le Corbusier : «Appréciez cette valeur formida-

Villa La Roche: view of the gallery and pilotis
  (contemporary photograph)
Villa La Roche: gallery roof-terrace
  (contemporary photograph)

Villa La Roche : vue sur le volume de la galerie
  et le pilotis (photo d'époque)
Villa La Roche : toiture-terrasse de la galerie
  (photo d'époque)

chitectural value: the underside of the building as a perfect line. The building is displayed just like an object in a shop window on a platform support, and is an entirely open book" (12).

For Le Corbusier, the pilotis also has an artistic and even a philosophical dimension, in that using it permits nature and the city to reunite. He wrote: "...in the air at a defined level, on horizontal ground composed of cement perched on top of pilotis which descend to their base, I erect limpid and pure prisms of utilitarian edifices", and "...because of the pilotis, on this acropolis intended for meditation and intellectual pursuits, the natural ground remains; poetry is intact" (13).

Positioned in the axis of the lane, the only pilotis of the Villa La Roche (if we disregard the three rather discreet accompanying columns) makes it possible for the garden to be extended all the way to the party wall of the adjoining property. It also allows light to trickle down the length of this wall, providing reflected natural light for this badly-lit portion.

In so positioning the pilotis in the project, it also enables the structure it supports to be accentuated, namely the art gallery.

The Roof Garden

"By employing one of the subtleties of composition, I will establish an agreeable connection between the reception area and the roof garden, full of flowers, ivy, thuyas, Chinese laurel, okubas, lilacs, fruit trees. Concrete slabs alternating with equally-dimensioned strips of lawn, or pretty gravel, make for a perfect floor. You can take a siesta in a hammock strung beneath the sheltering shade. A solarium is health-giving. At night, you can crank up the gramophone and dance. The air is pure, the noise muffled, the horizon far off and the street as well. If there are trees nearby, you are above their tops. The sky scintillates with stars...; you can see every one" (14).

This was the first time that Le Corbusier had experimented with the roof garden concept. In a project where available land is limited, and in which the houses only have a small, rela-

ble entièrement nouvelle de l'architecture : la ligne impeccable du dessous du bâtiment. Le bâtiment se présente comme un objet de vitrine sur un support d'étalage, il se lit entier» (12).

Pour Le Corbusier, le pilotis a aussi une dimension plastique, philosophique même dans la mesure où son emploi autorise les retrouvailles de la ville et de la nature. Il écrit : «en l'air à un niveau déterminé, sur un sol horizontal de béton juché au haut des pilotis qui descendent, eux, là où ils trouvent leur base, j'élève les prismes limpides et purs d'édifices utilitaires... et grâce aux pilotis, sur cette acropole vouée à la méditation et au travail intellectuel, le sol naturel demeure, la poésie est intacte» (13).

Placé dans l'axe de l'allée, l'unique pilotis de la villa La Roche, si l'on excepte les trois poteaux qui l'accompagnent avec une certaine discrétion, permet au jardin de se continuer jusqu'au mur mitoyen de la propriété voisine et à la lumière de ruisseler le long de ce mur créant ainsi, pour cette parcelle mal orientée, une architecture de contre-jour.

Cette position exceptionnelle dans le projet a également pour but de mettre en représentation le volume qu'il porte, la galerie de peinture.

Le toit-jardin

«Par une subtilité de la composition je ferai communiquer agréablement la réception avec le toit-jardin, plein de fleurs, de lierre, de thuyas, de lauriers de Chine, d'aucubas, de fusains, de lilas, d'arbres fruitiers. Des dallages de ciment jointoyés de gazon... ou des graviers jolis font un sol parfait. Des abris couverts permettent la sieste dans un hamac. Un solarium apporte la santé. Le soir, le gramophone fera danser. L'air est pur, le bruit étouffé, la vue lointaine, la rue lointaine. S'il y a des arbres proches, vous êtes au-dessus de leur dômes. Le ciel scintille d'étoiles...; vous les voyez toutes» (14).

C'est également la première fois que Le Corbusier expérimente le toit-jardin. Dans cette opération, où le terrain est mesuré et dans laquelle les villas ne possèdent qu'un jardinet relativement étroit en rez-de-chaussée, le toit-jardin offre la possibilité, à peu de frais, de re-

Villa Jeanneret: roof-garden summer house
Villa Jeanneret: view of the roof-garden
  summer house

Villa Jeanneret : kiosque sur le toit-jardin
Villa Jeanneret : vue sur le kiosque du
  toit-jardin

tively narrow garden at ground level, the roof garden makes it possible without spending too much money to recover space on the top level of the house which, up to then, had been used "...only for assignations between alley cats and sparrows" (15).

Le Corbusier details this project in his "Œuvre Complète". He recounts at length the merits of the roof garden, aware that in Paris, owning a planted terrace or a hanging garden was, and indeed still is, an avidly sought-out privilege. The residences in adjoining districts attest to this fact. The roof garden of the Villa Raaf-Jeanneret was much appreciated by his sister-in-law, a nudist and sun-bather.

In the paragraph entitled "The Roof Garden", Le Corbusier develops two arguments in its favour. The first is bucolic: "Grass grows in the interstices of the slabs; turtles crawl about; trees have been planted..." (16); the second more technical: "The roof garden has a definite purpose; it provides guaranteed insulation against the dilation which occurs in concrete terraces exposed to the sun" (17).

It is interesting to follow the evolution of each of the "Cinq Points d'une Architecture Nouvelle" in Le Corbusier's subsequent architectural works. In the case of the roof garden, traces of it resurface in the Villa Savoye of 1929, whose roof garden is more audacious than those in the Villas La Roche-Jeanneret. Indeed, here the roof garden becomes a natural "mid-air" extension of the house. It was followed in 1930 by the Beistegui apartment on the Champs Elysées, which provided Le Corbusier with a "surrealistic" setting. Somewhat later, the roof garden concept would be replaced by that of the roof terrace. The latter reached its highest form of expression in the "Unité d'habitation" in Marseilles where, faced with "this Homeric site which is the Mediterranean", the roof terrace became a fitted-out public space.

The Open Plan Concept

"Up to now, the plan has been slave to load-bearing walls. Bring concrete into the house and the open plan follows suit! Floors are no

conquérir de l'espace sur le dernier niveau de la maison qui ne servait jusque là «qu'au rendez-vous amoureux des chats de gouttière et aux moineaux» (15).

D'ailleurs Le Corbusier ne s'y trompe pas dans la présentation qu'il fait du projet dans l'Œuvre complète, et dans laquelle il vante longuement les mérites du toit-jardin, conscient que dans Paris les habitations des quartiers à l'entour en témoignent : posséder une terrasse plantée voire un jardin suspendu est un privilège âprement recherché. Celui de la villa Raaf-Jeanneret est d'ailleurs très apprécié de sa belle-soeur qui y pratique, semble-t-il, le naturisme et les bains de soleil .

Dans un paragraphe intitulé «le jardin sur le toit», Le Corbusier développe un double argument en faveur du toit-jardin. Le premier est bucolique, «de l'herbe pousse entre les joints des dalles, des tortues se promènent tranquillement, des arbres ont été plantés...» (16), le second est plus technique : «le toit-jardin poursuit un but précis; c'est l'isolant assuré contre la dilatation des terrasses de béton armé» (17).

Comme pour l'ensemble des «Cinq points d'une Architecture nouvelle», il est intéressant de suivre l'évolution que chacun de ces points va connaître dans le développement ultérieur de l'œuvre de Le Corbusier. Concernant le toit-jardin, on va en retrouver la trace avec la villa Savoye en 1929 où le toit-jardin, plus audacieux que celui des villas La Roche-Jeanneret, devient le prolongement naturel «en l'air», de la maison. Suivra l'appartement de Beistegui sur les Champs Elysées en 1930 qui offre à Le Corbusier l'occasion d'une scénographie «surréaliste». Plus tard, le concept de toit-jardin sera remplacé par celui de toit-terrasse et ce sera Marseille, où dans l'Unité d'habitation, face à «ce site homérique de la Méditerrannée», le toit-terrasse, devenu espace public avec ses équipements collectifs, atteindra son point ultime de perfectionnement.

longer stacked on top of one another by compartmentalisation. They are free-standing. The economy of the constructed cube, rigorous use of each centimetre, significant savings of money, the rich rationality of the new plan!" (18)

Although it was one of the Five Points and the corollary of the open facade, Le Corbusier did not mention the open plan in connection with the Villas La Roche-Jeanneret.

This is perhaps because, at that time, no construction system had yet been found to free up the facade of the load-bearing structure. This oversight warrants closer study, however: for one thing, Le Corbusier had introduced the open plan notion as early as 1914 in the Dom-Ino house project. In addition, even though the structure is not fully expressed in the Villas La Roche-Jeanneret (thereby sacrificing to the "purist" approach), there is a clear dissociation in this project between frame and infill, despite the fact that they are positioned in the same layout and coated with a homogeneous finish.

The Longitudinal Window

"Concrete is revolutionising the history of the window. Windows can now run the entire length of the facade. The window is the typical mechanical component of the house, of all our large private residences, villas and houses…" (19).

The Perret/Le Corbusier quarrel over the respective merits of the window is well known. For the former, it is the vertical window "which frames man, and is in harmony with his silhouette"; Le Corbusier preferred the longitudinal window, "which brings maximum lighting to dwellings and makes possible any number of subdivisions from one floor to another".

Already sketched into the Citrohan house and used experimentally in the Villa Besnus in Vaucresson and the Ozenfant house/art studio in Paris, the longitudinal window becomes a central project component in the Villas La Roche-Jeanneret. This is so even though it is cut through vertically with concrete mullions,

Le plan libre

«Jusqu'ici, le plan est esclave des murs portants. Le béton armé dans la maison apporte le plan libre ! Les étages ne se superposent plus par cloisonnement. Ils sont libres. Grande économie de cube bâti, emploi rigoureux de chaque centimètre. Grande économie d'argent. Rationalisme aisé du plan nouveau !» (18)

Bien que faisant partie des Cinq points et étant le corollaire de la façade libre, Le Corbusier ne le mentionne pas à propos des villas La Roche-Jeanneret .

Peut-être parce qu'n'apparaît pas encore clairement dans ce projet le choix d'un système constructif qui libère la façade de la structure porteuse. Et pourtant cela mérite d'être regardé de plus près car d'une part la notion de plan libre, chez Le Corbusier, est amenée comme on l'a vu précédemment, dès 1914 avec la maison Dom-Ino. Et d'autre part, même si la structure n'est pas mise en représentation dans les villas La Roche-Jeanneret, sacrifiant en ce sens à une sorte d'attitude «puriste», il y a bien dissociation dans ce projet entre ossature et remplissage même si ceux-ci sont positionnés dans le même plan et recouverts d'un enduit homogène.

La fenêtre en longueur

«Le ciment armé fait révolution dans l'histoire de la fenêtre. Les fenêtres peuvent courir d'un bord à l'autre de la façade. La fenêtre est l'élément mécanique-type de la maison, pour tous nos hôtels particuliers, toutes nos villas, toutes nos maisons…» (19).

On connait la querelle Perret/Le Corbusier sur les mérites respectifs, pour l'un de la fenêtre verticale «qui encadre l'homme et qui est en accord avec sa silhouette» pour l'autre de la fenêtre horizontale «qui éclaire au maximum les locaux et qui permet toutes les subdivisions indépendantes d'étage à étage».

Déjà esquissée dans la maison Citrohan et expérimentée dans la villa Besnus à Vaucresson et la maison-atelier d'Ozenfant à Paris, la fenêtre en longueur devient une composante im-

as can be seen with the banded window of the facade overlooking the square, or in the upper sashes of the gallery. This arrangement would eventually be improved upon, as demonstrated by the Villas Weissenhof and the Villa Stein in Garches. Here the columns, placed in the bare interior, allow the longitudinal window to pass in front. The latter loses its traditional status as a "hole in the wall", and becomes the facade itself.

An intermediate phase in a sequence which runs from the simple window to the glass wall, the longitudinal window, as a typical mechanical component of the house, enabled Le Corbusier to develop a whole series of experimental studies. These experiments involved the design of all components of the window, whether opening or fixed, as well as their affiliate parts (stand sheets, sills, casement bolts, handles, etc.). In the case of the Villas La Roche-Jeanneret, Le Corbusier refused to use commercially available windows, preferring sashes that were custom-made for these houses. In spite of allegations to the contrary, Le Corbusier adopted this attitude in most of his projects.

The Open Facade

"Columns inside the house, set back from the facades. The floor is cantilevered. The facades are no longer anything more than lightweight membranes of insulating walls or windows. The facade is open; the windows can run uninterrupted from one end of the facade to the other" (20).

This last citation demonstrates the extent to which the "Cinq Points d'une Architecture Nouvelle" are interrelated, and also reveals that their unifying thread is the use of the new technology which, as W. Oechslin said, "will trigger a new architecture". This is precisely where the crucial role played by Le Corbusier can be most clearly identified: he knew how to incorporate technological advances into his projects, and to sublimate them into architectural principles.

This point is amply demonstrated in the Five Points, to which can be added the remark Le

portante du projet dans les villas La Roche-Jeanneret. Et ce, même si celle-ci est encore recoupée de meneaux maçonnés, comme on le voit dans la fenêtre en bande de la façade donnant sur le square ou dans les châssis hauts de la galerie. Ce dispositif sera amélioré par la suite comme le montrent les deux maisons du Weissenhof ou la villa Stein à Garches, dans lesquelles les poteaux, positionnés au nu intérieur laissent passer au devant la fenêtre en longueur qui, perdant son statut traditionnel de trou dans le mur, devient elle-même façade.

Etape intermédiaire sur un parcours qui va de la simple fenêtre au pan de verre, la fenêtre en longueur, en tant qu'«élément mécanique-type» de la maison, permet à Le Corbusier de développer toute une série de recherches expérimentales. Celle-ci porte sur la conception de tous les composants de la fenêtre, qu'il s'agisse de ses éléments ouvrants ou fixes ou des pièces qui les accompagnent, dormants, appuis, crémones, poignées etc…Dans le cas des villas La Roche-Jeanneret, Le Corbusier, refusant, malgré ses allégations, la fenêtre du commerce, met en place des châssis créés spécialement pour ces villas, attitude que l'on retrouvera par la suite dans la plupart de ses projets.

La façade libre

«Les poteaux en retrait des façades, à l'intérieur de la maison. Le plancher se poursuit en porte-à-faux. Les façades ne sont plus que des membranes légères de murs isolants ou de fenêtres. La façade est libre; les fenêtres, sans être interrompues, peuvent courrir d'un bord à l'autre de la façade» (20).

On voit bien avec cette dernière citation combien les «Cinq points d'une Architecture nouvelle» sont dépendants les uns des autres et ont comme dénominateur commun l'utilisation de la nouvelle technologie qui, comme l'écrit W. Oechslin, «va être le déclencheur d'une nouvelle architecture». Et c'est précisément là que se situe le rôle capital tenu par Le Corbusier d'avoir su intégrer ces avancées technologiques, dans le cadre du projet, pour les sublimer en principes architecturaux.

Corbusier made at one end of one of his lectures: "This is what new technologies have to offer, Ladies and Gentlemen. Don't you agree that my charcoal sketch and coloured chalk encircle fabulous poetry: the lyricism of modern times"? (21)

The Polychrome

"The hall is completely white as before. Upper cupboard: umber replaced by green (or) red? In the living room, wall under chandelier = black. Ramp green bottom under dark blue cupboard on the left. Northern isorel bottom = yellow ochre. Green on the doors. Liv/room entrance pale blue becomes green (or red). Liv/room wall and door = black. D/room remains pink. (Gallery) adjoining b/room: completely white. And the red?" (22)

This series of annotations that Le Corbusier jotted down in one of his sketchbooks in May 1954 demonstrates two things. First of all, we can see his ongoing commitment to the use of multiple colours in the Villa La Roche; thirty years after construction was completed, he was still preoccupied by this issue. Secondly, it demonstrates the changing nature of his use of multiple colours: those that the visitor to the houses finds today are far from identical to colours initially chosen. Rather, one sees a series of transformations effected over the years. Here as in his painting, Le Corbusier did not hesitate to change his mind about certain choices, even on occasion entirely revoking initial choices.

For Le Corbusier, his decision to use multiple colours on the interior of the Villa La Roche in 1923 was without precedent with regard to his previous works. This architectural work is marked by the clear desire to establish complementary and sometimes even contradictory relationships between space, volume, layout and colour.

It was clear to Le Corbusier that the use of colour in architecture must not be guided by the principles of decorative art. He wrote: "The fresco seems to me to be antithetical to the present. We like our walls to be white and empty, open and pure. Naked. Yes (…) Archi-

C'est en tous cas ce que nous rappelle cet énoncé des Cinq points, sur fond duquel peut être mise en surimpression la conclusion apportée par Le Corbusier à une de ses conférences : «Voici, Mesdames et Messieurs, ce qu'apportent les techniques nouvelles. Ne pensez vous pas que mon fusain et mes craies de couleur encerclent une fabuleuse poésie : le lyrisme des temps modernes ? » (21)

De la polychromie

«Hall tout blanc comme avant. Soupente haute : la terre d'ombre changée en vert (ou) rouge ? Salon paroi sous lustre = noir. Rampe verte fond sous soupente bleu foncé à gauche. Le fond isorel nord = ocre jaune. Vert sur portes. Palier salon le bleu pâle devient vert (ou rouge). Le mur et porte salon = noir. S.a.m. demeure rose. Hall galerie devient vert (galerie). Ch à c (vert). Ch. à c. tout blanc. Et le rouge ? ». (22)

Cette suite d'annotations, couchées par Le Corbusier dans un de ses «carnets» en mai 1954, montre deux choses. La première, son intérêt permanent pour la polychromie de la villa La Roche, dans la mesure où quelques trente années après sa construction, il se préoccupe encore de ce problème. La seconde indique le caractère évolutif de cette polychromie, qui fait que celle que l'on peut observer aujourd'hui, est en fait le fruit d'une série de transformations réalisées au cours des années. Ainsi comme il le fait parfois dans son œuvre peint, Le Corbusier n'hésite pas à revenir sur certains choix, dûssent-ils représenter des changements importants par rapport à ceux initialement effectués.

La décision d'employer une polychromie dans les espaces intérieurs de la villa La Roche est, en 1923, pour Le Corbusier, une première. En effet, aucun de ses précédents projets n'avait fait l'objet d'un travail de ce type, marqué par une volonté aussi évidente d'établir dans l'architecture des rapports de complémentarité voire de contradiction entre espace, volume, plan et couleur.

Pour Le Corbusier l'emploi de la couleur dans le travail architectural ne doit pas procéder de l'art décoratif. Il écrit : «la fresque me paraît à

tectural power via the eloquence of walls which develop layouts successively unfolding in vivid light. White, which gives rise to clear thinking, stands in vivid contrast to the tonic power of colour" (23). And elsewhere: "Colour, which tempers walls depending on whether they are in full or half light, can direct the gaze over spaces complicated by layout, and can significantly extend the impression of space: red only preserves its qualities in full light, while blue vibrates in shadow, etc.: the physics of colour. The physiology of sensations: red, blue, yellow, etc. ....determined sensations. Shadows, half-light, light: the same. Architectural composition can be based on these principles. 'White wash' sparkles because of this length of wall, which is dark (burnt umber or natural brown), or this warm wall (ochre), or this leaking wall (blues, etc.). If it were completely white, the house would be a pot of cream" (24).

In the early 1920's, Le Corbusier was not the only architect of the European avant-garde who was interested in using multiple colours. The work of the previously-cited De Stijl group is another example. Under the direction of Théo Van Doesburg, the group launched a review in 1917 (i.e., two years before the Esprit Nouveau) featuring architectural projects and furniture design in which colour played a prominent role.

Nonetheless, a major difference between the French architect and his Dutch counterparts remains regarding this approach to the architectural work. For one thing, Le Corbusier was not yet using multiple colours on exteriors and would not do so until Pessac in 1925, and, more systematically, after the Second World War, in the construction of the "Unité d'habitation" in Marseilles, the pilgrims' house in Ronchamp and the pavilion in Zurich. Secondly, Le Corbusier also differed from the De Stijl group (whose palette was limited to the three primary colours red, yellow and blue) in his use of the purist and naturalistic range of colours on the Villa La Roche.

The warm colours in this range include raw and burnt umber tones, raw and burnt sienna, yellow and red ochre and yellow chrome. The

l'antipode du temps présent. Nous aimons notre mur blanc, et vide, ou libre, pur. Nu. Oui (...).Force de l'architecture par l'éloquence des murs qui développent des plans successivement déroulés dans la lumière vive. Le blanc, qui fait penser clair, s'appuie aux puissantes toniques de la couleur». (23). Et ailleurs : «la couleur qui qualifie les murs suivant qu'ils sont en pleine lumière ou en pénombre peut conduire l'oeil à travers les espaces compliqués dus au plan et étendre loin l'impression d'espace : le rouge ne conserve ses qualités qu'en pleine lumière, le bleu vibre dans la pénombre, etc... physique de la couleur. Physiologie des sensations : rouge, bleu, jaune etc... sensations déterminées. Ombres, pénombre, lumière : idem. On peut composer architecturalement sur ces bases-là. Le « lait de chaux » étincelle à cause de ce pan de mur qui est sombre (terre d'ombre brûlée ou naturelle), de ce mur qui est chaud (ocre), de ce mur qui fuit (bleus etc...). Entièrement blanche, la maison serait un pot de crème» (24).

Dans le début des années 20, Le Corbusier n'est pas le seul parmi les architectes de l'avant-garde européenne à se préoccuper des questions de polychromie. On connaît par exemple les travaux du groupe hollandais De Stijl, déjà évoqués et dont la revue créée en 1917, soit deux ans avant l'Esprit Nouveau, sous la houlette de Théo Van Doesburg, publie des projets d'architecture ou de mobilier dans la conception desquels la couleur occupe une place importante.

Mais une différence importante existe entre l'architecte français et ses homologues néerlandais, dans cette approche du travail architectural. Celle-ci repose d'une part sur le fait qu'il n'emploie pas encore dans ses villas la polychromie à l'extérieur, attitude sur laquelle il reviendra notamment à Pessac, en 1925, et, d'une manière plus systématique après la seconde guerre mondiale avec l'Unité d'habitation de Marseille ou la maison des pèlerins à Ronchamp ainsi que dans le pavillon de Zurich. Et d'autre part qu'à l'opposé du groupe De Stijl dont la palette est limitée aux trois couleurs fondamentales, le jaune, le rouge et le bleu, Le Corbusier emploie à l'intérieur des villas La Roche-Jeanneret la gamme «puriste» plus «naturaliste».

cool tones include light blue, ultra marine, wheelwright blue and forest green. The confrontation of this set of colours is also heightened where appropriate by adding black, and is always organised in relation to the colour white, which remains the colour of reference.

Nonetheless, there is a certain overlap between De Stijl's works and those of Le Corbusier, concerning the modification of the perceptual effects that colour lends to architecture. On this subject, Le Corbusier wrote that "The first polychrome tests carried out on the interior, based on specific colour reactions, allowed for architectural camouflage, i.e., either highlighting or erasing certain spaces. The interior of the house must be white, but in order to make this white stand out, the well-regulated application of multiple colours is needed: the walls in shadow will be blue… the building's main section disappears when painted in a pure natural earth tone and so on" (25).

A Colour Inventory

The facades of the Villas La Roche-Jeanneret are currently an immaculate white. We know from an exchange of letters between Le Corbusier and Raoul La Roche, however, that they were meant to have been painted light grey when the villa was restored in 1936 (26). Since this modification was not carried out, visitors to the villa can see the original colour that was assigned to the facades.

The dazzling whiteness is continued in the entrance hall of Villa La Roche about which Le Corbusier commented: "Here we have a hall; it contains a staircase and a gallery; it measures 5 m x 5 m; it is quite small. How can it be transformed into a vast and impressive room? Using architectural stratagems, we will try to 'steal' space wherever we can find it: by placing the ceiling above a gallery which houses the library; by ejecting the average-sized staircase, all the while making sure that the staircase wall forms one whole with the hall. The large wall thereby gained will be painted in a light colour, white; it is thus highly visible. But the layout of the house requires the interior protuberance of a small courtyard; this is a big, cumbersome space which attracts the visitor's

Cette gamme est composée, du côté des couleurs chaudes, sur la base de terre d'ombre naturelle ou brûlée, sienne naturelle ou brûlée, d'ocre jaune, d'ocre rouge, de jaune de chrome, de rose, et du côté des couleurs froides, de bleu-clair, de bleu outremer, de bleu charron et de vert anglais. La confrontation de l'ensemble de ces couleurs étant par ailleurs ponctuellementt réhaussée par du noir et toujours organisée par rapport au blanc, qui reste la couleur de référence.

Un point de convergence existe toutefois entre les travaux de De Stijl et ceux de Le Corbusier. Celui-ci concerne la modification des effets de perception que la couleur peut entraîner dans l'architecture. Le Corbusier écrit à ce propos : «A l'intérieur les premiers essais de polychromie, basés sur les réactions spécifiques des couleurs, permettent le camouflage architectural, c'est à dire l'affirmation de certains volumes ou, au contraire, leur effacement. L'intérieur de la maison doit être blanc, mais, pour que ce blanc soit appréciable, il faut la présence d'une polychromie bien réglée: les murs en pénombre seront bleus…; on fait disparaître un corps de bâtisse en le peignant en terre d'ombre naturelle pure et ainsi de suite» (25).

Polychromie : état des lieux

Telles qu'elles apparaissent aujourd'hui dans leur blancheur immaculée, les façades des villas La Roche-Jeanneret auraient dûes être peintes couleur gris-clair, au cours de la restauration de cette villa effectuée en 1936, comme l'atteste un courrier échangé entre Le Corbusier et Raoul La Roche (26). Cette modification n'ayant pas été réalisée c'est donc la couleur d'origine que perçoit aujourd'hui le visiteur qui se rend à ces deux villas.

Après les façades, la présence du blanc se poursuit dans le hall d'entrée de la villa La Roche que Le Corbusier commente ainsi : «Voici un hall; il contient un escalier, une galerie; il a 5 m x 5 m ; il est tout petit. Comment en faire une pièce vaste et impressionnante ? Par des stratagèmes architecturaux, on cherchera à ‹Voler› de l'espace partout où ce sera possible, en faisant passer le plafond par dessus une galerie contenant la bibliothèque, en rejetant en dehors un

gaze and distracts from the simplicity of the basic shape we want to be taken in. The walls of this small courtyard will be painted in a dark, nearly imperceptible colour which provides a complete contrast with the white that will cover the volume of the hall. In this way, the gaze will no longer be drawn to this disastrous protuberance; it will wander instead to the white walls. This white stretches everywhere, as far as possible" (27).

Enumerating the colours one by one would be too fastidious; it suffices to inventory this polychrome experiment as it exists in the Villas La Roche-Jeanneret today by pointing out its major constants as well as its peculiarities:

This inventory begins with the use of white, already mentioned with respect to the facades and the hall. In the case of the latter, this is reinforced by the use of white 10 x 10 tiles set at 45°, which were not originally planned. The addition of this tiling transforms this space into a vast monochrome. This white reappears in the "purist" bedroom of Raoul La Roche, as well as in most of the villa's utility areas. The white also serves as a link between the various colours employed. It should be noted in this regard that the veritable symphony composed of different shades of white playing here in the Villas La Roche-Jeanneret, found in every single Parisian villa constructed by Le Corbusier over this period, is mimicked by the various shades of green in the leaves of the numerous trees overlooking Square du Doctor Blanche.

The colour black was primarily used in the 14 x 14 floor tiles, and was charged with ensuring spatial continuity between the various levels of the villa, except in the gallery, which features rose-coloured linoleum laid over the original wood floor. This shade of black is taken up again in the floor of this same gallery by the use of black tiling laid in the exact geometrical projection of the black marble table top, positioned along its longitudinal axis.

Finally there is the burnt umber colour, applied on the sashes of the exterior windows and doors, as well as on some wall components such as the parapet of the staircase leading to

escalier modeste, mais en s'arrageant pour que le mur de l'escalier ne fasse qu'un avec le hall. Ce grand mur gagné sera peint d'un ton de lumière, blanc; on le voit bien. Mais le plan de la maison impose la protubérance intérieure d'une courette; c'est un gros volume encombrant, qui tire l'oeil, qui distrait de la forme essentielle, simple, qu'on voudrait accuser. Les murs de cette courette seront peints d'une couleur sombre, presque insaisissable, en contraste absolu avec le blanc qui revêtira l'enveloppe du hall. Alors l'oeil n'est plus attiré par cette protubérance désastreuse, il va aux murs blancs, ce blanc s'étend partout, au plus loin possible» (27).

Afin d'éviter une énumération par trop fastidieuse, d'un état des lieux de la polychromie des villas La Roche-Jeanneret, il faut peut-être essayer de résumer cette polychromie à partir de quelques-unes de ses constantes ou de ses particularités :

Avec d'abord le blanc, déjà mentionné à propos des façades et du hall et dont la présence dans ce dernier est renforcée par l'emploi d'un carrelage blanc au format 10 x 10, posé à 45°, non prévu à l'origine, qui transforme cet espace en un vaste monochrome. Un blanc que l'on retrouve également dans la chambre «puriste» de Raoul La Roche ainsi que dans la plupart des espaces de services de cette villa. Un blanc qui sert également d'élément de liaison entre les différentes tons de cette polychromie. Il est d'ailleurs à remarquer, que cette symphonie des blancs, que l'on retrouve dans toutes les villas parisiennes construites par Le Corbusier au cours de cette période, joue ici dans les villas La Roche-Jeanneret, en correspondance avec les verts des feuillages des nombreux arbres donnant sur le square du Docteur Blanche.

Ensuite le noir, utilisé principalement pour les revêtements de sol en carrelage au format 14 x 14, chargé d'assurer une continuité spatiale entre les différents niveaux de la villa, excepté dans la galerie où un linoléum de couleur rose est posé sur le parquet mis en œuvre à l'origine. Cette couleur noire est d'ailleurs rappelée sur le sol de cette même galerie par un carrelage noir situé dans la projection géométrique exacte du plateau en marbre noir de la table, placée sur son axe longitudinal.

the opening to the gallery on the first floor, and again to the outer side of the ramp situated in the gallery.

Complementing these three basic colours, to which can be added the iron grey colour paint applied on some of the baseboards and other radiator bearings, can be found more dynamic shades such as light blue, and more neutral shades, such as light grey.

The polychrome gallery on view today closely resembles the original. The similarity between the revised colour work undertaken by Le Corbusier in the 1950's and that used in the "Unité d'habitation" in Marseilles is evident here. This relationship is underscored by the presence of cover beads on the isorel slabs which date from the restoration carried out in 1936, but whose sanding does not conform to the Modulor, as in Marseilles, and rightly so here. (28)

In this space, the lateral walls are painted light grey, while the wall at the back of the gallery is painted yellow ochre. The lighting ramp, also installed in 1928 when the gallery was entirely renovated, is painted light blue, and the above-mentioned access ramp to the mezzanine is painted burnt umber, as are the mantel and flue of the chimney next to the entrance door.

The peculiarities in the use of multiple colours include the dining room on the first floor, whose walls and ceiling are painted salmon pink, a shade which stands in striking contrast to the other colours Le Corbusier used in this architectural work.

Generally speaking, the use of these different colours within the Villa La Roche responds to a sequentially organised spatial logic. This becomes clear from the perspective provided from the opening of the gallery looking towards the dining room. Here, the light blue wall which borders the opening on the empty side of the hall is picked up in the paint used on the sash of the dining room's double doors situated at the end of the footbridge linking these two spaces. This light blue thus serves as a transitional colour between the black tiling, the white walls of the hall and the salmon pink of the dining room.

Enfin la terre d'ombre brûlée, appliquée sur les différents châssis des menuiseries extérieures mais également sur quelques éléments de parois comme le parapet de l'escalier donnant sur le dégagement qui précède la galerie au premier niveau ou la face externe de la rampe, présente dans cette même galerie.

En complément de ces trois couleurs de base, auxquelles on peut ajouter le gris fer employé dans la peinture de certaines plinthes et autres tablettes de radiateur, on trouve des tons plus dynamiques comme le bleu-clair ou plus neutres comme le gris-clair.

La polychromie de la galerie visible aujourd'hui semble assez proche de celle mise en place à l'origine. La similitude entre cette polychromie remaniée par Le Corbusier au cours des années 50 et celle des cellules de l'Unité d'habitation de Marseille est ici évidente. Cette parenté est d'ailleurs renforcée par la présence des baguettes de joints des plaques d'isorel datant de la restauration de 1936 mais dont le calepinage n'est pas, et pour cause, comme à Marseille, réglé par le Modulor (28).

Dans cet espace, les murs latéraux sont traités en gris-clair, tandis que le mur du fond est ocre jaune. La rampe d'éclairage, mise également en place en 1928 au cours des travaux de réaménagement complet de cette galerie, est bleu-clair et la rampe d'accès à la mezzanine, déjà mentionnée est terre d'ombre brûlée, comme le manteau et le conduit de la cheminée située à côté de la porte d'entrée.

Au titre des particularités de cette polychromie, il faut citer la salle à manger, au premier niveau, dont les murs et le plafond sont rose saumon, tonalité qui contraste avec les autres couleurs employées dans cette architecture.

D'une manière générale, la mise en œuvre de ces différentes couleurs dans l'espace de la villa La Roche répond à une logique spatiale qui est de l'ordre de la séquence. Comme le montre par exemple la perspective qui va du dégagement de la galerie vers la salle à manger. Où là, le bleu-clair de la paroi qui limite ce dégagement, côté vide du hall, est rappelé dans la peinture du châssis de la double porte de la salle à

The colour palette used in the Jeanneret villa is nearly identical to that of the La Roche villa. There are a few exceptions to this, such as the forest green parapet of the interior staircase.

In the dining room, which today houses the library of the Le Corbusier Foundation, certain colour arrangements evoke Le Corbusier the painter, especially during his "purist" period. For example, the small vertical window of the bow-window, whose sash, set in a rose-coloured wall, is painted light blue, while the baseboard which supports it is burnt umber. Its window panes force the gaze toward the whiteness of the facade which runs the length of the square, where it meets the curved volume of the gallery.

Regulating Lines and Architecture

"Vers une architecture" was published in 1923, the same year in which Le Corbusier undertook the "Auteuil" project (which would later become the project for the Villas La Roche-Jeanneret). The book was such a success that a second edition was published the following year. In the chapter entitled "Les tracés régulateurs", Le Corbusier added to the original edition "two private residences in Auteuil", accompanied by a photo and a facade drawing. The latter, which does not include the gallery, does feature diagonal dotted lines which decompose the linear diagram of this facade from triangles, certain of whose remarkable points are geometrically juxtaposed. This suggests the "Regulating Line", to use Le Corbusier's term for it, which served to arbitrate the proportions of this villa when it was being designed. However, a closer analysis of archive documents reveals that nothing could be further from the truth: in fact, the dotted lines are an after-the-fact and entirely theoretical reconstitution, developed to underscore certain points. Confirmation of this is provided earlier on in the same book, where these same linear diagrams are applied to photographs of Notre Dame in Paris, the Capitol in Rome, as well as in facade drawings of the Arsenal of Pirée and the Villa Schwob constructed by Le Corbusier in La Chaux-de-Fonds, Switzerland, in 1916.

Le Corbusier also included a humorous footnote to this chapter which reads: "Excuse me

manger située en bout de la passerelle qui relie ces deux espaces. Un bleu-clair qui sert ainsi de transition entre le noir du carrelage, le blanc des parois du hall et le rose saumon de la salle à manger.

La palette des couleurs utilisées dans la villa Jeanneret est identique à celle de la villa La Roche à quelques exceptions près, comme le vert anglais du parapet de l'escalier intérieur.

Dans la salle de séjour, aujourd'hui bibliothèque de la Fondation, certains arrangements de cette polychromie ne sont pas sans évoquer Le Corbusier peintre, notamment dans sa période «puriste». A l'exemple de la petite fenêtre verticale du bow-window dans laquelle le châssis, inscrit dans un mur rose, est peint en bleu-clair, tandis que la tablette qui lui sert d'appui est terre d'ombre brûlée et que son vitrage donne à voir, par transparence, le blanc de la façade filant le long du square, à la rencontre du volume courbe de la galerie.

Tracés régulateurs et architecture

Quand en 1923, année au cours de laquelle Le Corbusier entreprend le projet «d'Auteuil» qui deviendra le projet des villas La Roche-Jeanneret, sort «Vers une architecture», le succès de ce livre est tel que, l'année suivante, en 1924 est publiée une seconde édition. Dans celle-ci, au chapitre intitulé «Les tracés régulateurs», Le Corbusier ajoute à l'édition originale, la publication, accompagnée d'une photo de chantier et d'une élévation, des «deux hôtels particuliers à Auteuil». Sur l'élévation de ceux-ci, sur laquelle n'apparaît pas le volume de la galerie, sont figurées en traits pointillés des diagonales qui redécomposent l'épure de cette façade à partir de triangles dont certains points remarquables sont mis en relation géométrique. Cette représentation pourrait amener à penser qu'il s'agit là du «tracé régulateur», pour reprendre le terme de Le Corbusier, qui a servi à régler le jeu des proportions de cette villa au moment de sa conception. L'analyse des documents d'archives concernant les différentes esquisses montre qu'il n'en est rien et qu'il s'agit là d'une reconstitution après coup, tout à fait théorique, à but simplement didactique, comme l'indique en amont dans ce même cha-

for citing my own work as an example. Unfortunately, despite having searched, I have not yet met contemporary architects who have taken up this question; when I have brought up the subject, I have met with astonishment, opposition and even scepticism" (29).

In Volume 1 of "Œuvre Complète", Le Corbusier returns to the notion of the "regulating lines" with respect to the "Villas La Roche-Jeanneret". He writes: "The Greeks, the Egyptians, Michelangelo and Blondel used regulating lines to correct their works and also to satisfy their artistic sense and mathematical propensity. The architect of today uses nothing at all...he claims that he is a liberated poet, and that his instincts suffice" (30), and further on: "A regulating line provides insurance against the arbitrary: it is the verification which validates all work created out of enthusiasm. It is the schoolboy's proof, the mathematician's 'formula'. The regulating line provides satisfaction of a spiritual order which leads to the search for ingenious and harmonious relationships. It confers equilibrium on the work. The regulating line contributes this perceptible mathematics which in turn offers the satisfying perception of order. The choice of a regulating line determines the work's underlying geometry; it therefore defines one of the fundamental impressions...it is one of the decisive moments of inspiration, one of the crucial operations in architecture" (31).

For Le Corbusier, the issue of a linear diagram which regulates the system of proportions in composition is critical. As a self-made architect, he was forced early on to acquire the tools and methods which are indispensable to mastering the architectural project. On a more metaphysical or even ontological level, he was preoccupied by the confrontation between art and science, intuition and reason. He became interested in Matila Ghyka's research on the golden number, for example (32), and over the years never tired of efforts to make a contribution to this quest, trying to promote a "harmonic" system of dimensions. For the time being, the system was limited to geometric layouts. Later on, numbers and even anthropometrics would become part of the picture, giving rise after the Second World War to the invention of the Modulor.

pitre, l'application de «tracés régulateurs» sur des photographies montrant Notre Dame de Paris, le Capitole à Rome, ou des dessins de façade de l'Arsenal du Pirée ou de la villa Schwob construite par Le Corbusier en 1916 en Suisse à la Chaux-de-Fonds.

D'ailleurs en note de ce chapitre, Le Corbusier indique avec humour : «je m'excuse de citer des exemples de moi: mais malgré mes investigations, je n'ai pas encore eu le plaisir de rencontrer d'architectes comtemporains qui se soient occupés de cette question ; je n'ai, à ce sujet, que provoqué l'étonnement, ou rencontré l'opposition et le scepticisme» (29).

Dans le volume 1 de l'Œuvre complète, Le Corbusier revient sur cette notion de «tracés régulateurs» à propos des villas La Roche-Jeanneret. Il écrit : «Le Grec, l'Egyptien, Michel-Ange, ou Blondel employaient les tracés régulateurs pour la correction de leurs ouvrages et la satisfaction de leur sens artiste et de leur pensée mathématique. L'homme d'aujourd'hui n'emploie rien du tout... il proclame qu'il est un poète libéré et que ses instincts suffisent» (30) et plus loin : «Un tracé régulateur est une assurance contre l'arbitraire: c'est l'opération de vérification qui approuve tout travail créé dans l'ardeur, la preuve par neuf de l'écolier, le C.Q.F.D. du mathématicien. Le tracé régulateur est une satisfaction d'ordre spirituel qui conduit à la recherche de rapports ingénieux et de rapports harmonieux. Il confère à l'œuvre l'eurythmie. Le tracé régulateur apporte cette mathématique sensible donnant la perception bienfaisante de l'ordre. Le choix d'un tracé régulateur fixe la géométrie fondamentale de l'ouvrage; il détermine donc l'une des impressions fondamentales... il est un des moments décisifs de l'inspiration, il est une des opérations capitales de l'architecture» (31).

Pour Le Corbusier, la question du tracé réglant le système des proportions dans la composition est capitale. Architecte autodidacte, il lui a été nécessaire très tôt d'acquérir les outils et les méthodes indispensables à la maîtrise du projet architectural. Sur un plan plus métaphysique voire ontologique, la confrontation entre l'art et la science, l'intuition et la raison est un domaine qui le préoccupe. Intéressé par les re-

cherches de Matila Ghyka sur le nombre d'or par exemple (32), il va n'avoir de cesse au cours des années de tenter d'apporter une pierre à cet édifice et d'essayer de promouvoir un nouveau système de dimensionnement «harmonique». Pour l'heure, celui-ci se limite aux tracés géométriques. Plus tard les nombres mais également l'anthropométrie, à travers les dimensions humaines, vont entrer en jeu et ce sera l'invention du Modulor, après la seconde guerre mondiale.

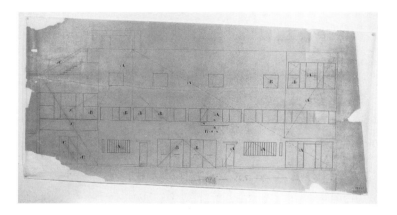

Villas La Roche-Jeanneret: north-east facade,
  regulating line

Villas La Roche-Jeanneret : façade Nord-Est,
  tracé régulateur

Assessment

With the hindsight afforded to us by time and thus the possibility available to us today to put Le Corbusier's work into perspective, certain constructions stand apart from the rest because of the intensity of their content. This is true of the Villas La Roche-Jeanneret.

Although the construction of these buildings cannot be considered as belonging to Le Corbusier's early works, we are nonetheless obliged to acknowledge that they inaugurate a career that would place Le Corbusier squarely among the architectural giants of the European avant-garde.

Naturally Le Corbusier would also draw on his other talents in acquiring this decidedly precocious fame. Among them, his talents as theoretician and polemicist helped in no small measure. It is noteworthy in this regard that in the two years in which the design and construction of the Villas La Roche-Jeanneret were carried out, Le Corbusier published three of his most important books: "Vers une Architecture", "L'Art Décoratif d'Aujourd'hui" and "Urbanisme".

With respect to his architectural work, the Villas La Roche-Jeanneret mark a decisive turn. We need only compare them with one of the dozen constructions which preceded them: the Villa Besnus in Vaucresson.

Built in 1922, this project was less ambitious than that of the Villas La Roche-Jeanneret. Nonetheless, in terms of composition, it is clear that Le Corbusier was still prisoner to certain traditional rules: the symmetry of the garden and street facade, despite the reversal of the staircase; presence of the cornice, but also evidence of a certain restraint in the use of new elements such as the bow-window, the longitudinal window, the glass wall, etc. This is surprising considering that everything needed to push Le Corbusier over to the side of radical architecture, where he wanted to be, was there.

Appréciation

Avec le recul du temps et la possibilité, qui existe aujourd'hui, de mettre en perspective l'œuvre de Le Corbusier, certaines réalisations prennent le pas sur d'autres, par l'intensité de leur contenu. C'est le cas des villas La Roche-Jeanneret.

Bien que l'édification de ces villas ne puisse être considérée, à l'aune des projets précédents réalisés par Le Corbusier d'abord en Suisse puis en France, comme une œuvre de jeunesse, force est de constater qu'elle inaugure une carrière qui va le placer au premier rang des tenants de l'avant-garde architecturale européenne.

Certes Le Corbusier va se doter d'autres moyens pour acquérir cette notoriété précoce. Et parmi ceux-ci, ses talents de théoricien et de polémiste vont l'aider quelque peu. Il est significatif de noter, qu'au cours des deux années qui couvrent la conception et la construction des villas La Roche-Jeanneret, Le Corbusier va publier trois de ses livres, parmi les plus importants, les plus fondamentaux : «Vers une Architecture, L'Art décoratif d'Aujourd'hui et Urbanisme».

Au regard de l'œuvre, les Villas La Roche-Jeanneret marquent un tournant décisif. Nul n'a besoin pour s'en convaincre de les comparer à la dizaine de réalisations qui les précède, il suffit de regarder la villa Besnus à Vaucresson.

Dans cette villa, réalisée en 1922, dont le programme est cependant moins ambitieux que celui des villas La Roche-Jeanneret, Le Corbusier est encore prisonnier sur le plan de la composition à la fois de certaines règles classiques: symétrie de la façade sur jardin et sur rue, malgré le retournement de l'escalier, présence de la corniche, mais également d'une certaine retenue dans l'affirmation d'éléments nouveaux comme le bow-window, la fenêtre en longueur, le pan de verre etc... Tous ces éléments étant cependant mis en œuvre pour faire basculer cette villa du côté de l'architecture radicale que Le Corbusier souhaitait atteindre.

Cette liberté dans l'expression, qui introduit une évolution incontestable dans son architecture,

Le Corbusier would attain this liberty of expression, which introduced a developmental leap in his architecture, during the finalising of the Villas La Roche-Jeanneret. The price to pay was a constant calling into question, including areas that seemed unquestionable. A telling example of this is the type of architectural treatment accorded to the gallery.

Certainly, it can be objected that the Villas La Roche-Jeanneret recall a certain number of elements, such as the cube in the entrance hall or the various mezzanines, already present in embryo form in earlier projects such as the Villa Schwob. However, it cannot be denied that these elements were restaged in a wholly original and unexpected way. An analysis of the first sketches for the plot of land in Auteuil makes this clear.

Starting from a traditional programme – that of the private residence typical of this particular district of Paris – Le Corbusier managed to offer a reinterpretation of this typology through an original and hence moving creation, the outcome of which owes more to accident than to design.

As for necessity, this is the result of the furrow depicted above, stubbornly dug by Le Corbusier the architect throughout his career, working on the design of the house for modern man.

Le Corbusier had the unshakeable and somewhat absurd (in Camus' sense of the term) desire to find a solution to the problem of housing that in addition to being ideal, would be capable of both industrialisation and widespread application. Ironically, he produced what are, in the final analysis and for the glory of architecture, pure archetypes.

Le Corbusier y parviendra au fur et à mesure de la mise au point du projet des villas La Roche-Jeanneret. Et ce, au prix de nombreuses remises en question y compris sur des parties du projet dont l'architecture semblait acquise. Je pense en particulier au traitement du volume de la galerie, tel que Le Corbusier le propose dans sa maquette présentée au Salon d'Automne et dont on peut imaginer, quand on connaît l'intérêt capital apporté par celui-ci à ce type de manifestations, qu'elle ne fut pas réalisée à la légère.

Certes, on pourra toujours objecter que les villas La Roche-Jeanneret gardent la mémoire d'un certain nombre de dispositifs, comme le cube du hall d'entrée ou les différentes mezzanines, dont la présence est déjà en filigrane dans de précédents projets comme la villa Schwob, pour ne prendre qu'un seul exemple.

Reste que ces dispositifs vont être remis en scène, remontés, pour employer une métaphore cinématographique, d'une manière tout à fait originale,voire inattendue, quand on analyse les premières esquisses de Le Corbusier pour le lotissement d'Auteuil.

Parti sur des programmes convenus, des hôtels particuliers, projetés sur des terrains impossibles, Le Corbusier parvient à tirer son épingle du jeu en proposant à la fois une réactualisation de cette typologie telle qu'on la trouve réalisée à un certain nombre d'exemplaires et déclinée dans tous les styles, dans ces quartiers chics de la capitale. Mais dans le même temps, loin de proposer un modèle reproductible, fut-il moderne, Le Corbusier aboutit à une création tout à fait originale, donc émouvante, dont le résultat tient en définitive du hasard.

Quant à la nécessité, elle relève de ce sillon, creusé avec obstination tout au long de sa carrière par cet architecte, et qui concerne la conception de la maison de l'homme moderne.

Avec cette volonté inébranlable et un peu absurde, au sens camusien du terme, de vouloir aboutir pour le logement à une solution idéale, industrialisable, généralisable pour ne fabriquer en définitive, et pour le plus grand bonheur de l'architecture, somme toute que des archétypes.

Notes

Notes

Foreword

(1) Œuvre Complète Volume 1, 1910/1929, p. 60.

(2) ibid., p. 189.

(3) For ease of reference, on the whole only Le Corbusier's name shall be mentioned when referring to the Villas La Roche-Jeanneret, even though this was a joint project carried out by both architects, as proved by a letter signed by Le Corbusier (FLC H 1-02-397).

(4) In 1912, Le Corbusier built the Villa Jeanneret-Perret for his parents at La Chaux-de-Fonds, and at the same time as the construction of the Villas La Roche-Jeanneret would build, once again for his parents, the small house on the shores of the lake in Corseaux (Vevey).

(5) Cf. the Noailles villa (1923), Hyères, by Rob Mallet Stevens.
Cf. Doctor Dalsace's house, Paris (1929), by Pierre Chareau.
Cf. the Mandrot villa, Pradet (1930), by Le Corbusier and P.J.

An Orientation Guide

(1) Today, only the Villa La Roche is accessible to the public. The Villa Jeanneret, the seat of the Le Corbusier Foundation (FLC), is reserved purely for functional use.

(2) Letter from La Roche to Le Corbusier, New Year 1927. FLC P 5-1 (151).

(3) Œ. C. V. 1, p. 60.

(4) Le Corbusier, L'Art décoratif d'aujourd'hui, Ed. Vincent Fréal, Paris, 1959 reprint, p. 193.

(5) ibid., p. 19.

(6) Le Corbusier, Précisions sur un état présent de l'architecture et de l'urbanisme, Ed. Vincent Fréal, Paris 1960.

Avant-propos

(1) Œuvre Complète Tome 1, 1910/1929, p. 60.

(2) ibid., p. 189.

(3) Par commodité d'écriture le seul nom de Le Corbusier sera le plus souvent mentionné à propos des villas La Roche-Jeanneret bien que cette œuvre, comme l'atteste un courrier signé de la main de Le Corbusier (FLC H 1-02-397), soit commune aux deux architectes.

(4) En 1912 Le Corbusier a déjà réalisé pour ses parents la villa Jeanneret-Perret à la Chaux-de-Fonds et va réaliser dans le même temps que les villas La Roche-Jeanneret, toujours pour ses parents, la petite maison au bord du lac à Corseaux (Vevey).

(5) Voir la villa Noailles (1923) à Hyères par Rob Mallet Stevens.
Voir la maison du Docteur Dalsace à Paris (1929) par Pierre Chareau.
Voir la villa de Mandrot au Pradet (1930) par Le Corbusier et P.J.

Parcours de Visite

(1) Seul l'accès à la villa La Roche est ouvert aujourd'hui au public. L'accès à la villa Jeanneret, siège de la Fondation Le Corbusier est réservé au fonctionnement de ses services.

(2) Lettre de La Roche à Le Corbusier le nouvel an 1927. FLC P 5-1 (151).

(3) Œ. C. T. 1, p. 60.

(4) Le Corbusier : L'Art décoratif d'aujourd'hui, Ed. Vincent Fréal, Paris, réimpression 1959, p. 193.

(5) ibid., p. 19.

(6) Le Corbusier : Précisions sur un état présent de l'architecture et de l'urbanisme, Ed. Vincent Fréal, Paris 1960.

The Project's History

(1) 1914: Crêtets garden city, Switzerland.
1917: Saint Nicolas d'Aliermont working-class estate, France.
1917: Saintes working-class estate, France.
1919: Vouldy working-class estate (Troyes), France.
1919: Maisons Monol.
1920: Grand Couronne working-class estate, France.
1920: Working-class houses for Saint Gobain factory, France.
1920: Working-class houses - Le Pont Vert in Ecouen, France, etc.

(2) Letter from Le Corbusier to Mr. Esnault dated 30 March 1923. FLC H 1-2 (51)

(3 / 4 / 5) ibid.

(6) Tim Benton, Les Villas de Le Corbusier 1920–1930, Ed. Sers, Paris 1984.

(7) Œ. C. V. 1, p. 58.

(8) In the two models of the Citrohan houses, designed by Le Corbusier, the narrow facades are the ones that contain the most openings, whereas the longitudinal facades contain very few. Œ. C. V. 1, p. 31.

(9) Letter from BIP to Le Corbusier, dated 21 April 1923. FLC H 1-2 (56).

(10) Œ. C. V. 1, p. 61, cf. the sketch plan bearing the comment: "Plan for the houses in 'Square du Docteur Blanche' (the house on the right has not yet been constructed)".

(11) FLC H 1-3 (68) and I 2-15 (152).

(12) Œ. C. V. 1, p. 60.

(13) FLC E 2-7 (151).

(14) Raoul La Roche was a Board member of the Société Helvétique de Bienfaisance and for the Maison Suisse de Retraite. From 1943 to 1954, he was President of the SHB Board.

Histoire d'un Projet

(1) 1914 : Cité-jardin aux Crêtets, Suisse.
1917 : Cité ouvrière de Saint Nicolas d'Aliermont, France.
1917 : Cité ouvrière aux Saintes, France.
1919 : Cité ouvrière de Vouldy/Troyes, France.
1919 : Maisons Monol.
1920 : Cité ouvrière à Grand Couronne, France.
1920 : Maisons ouvrières manufacture de Saint Gobain, France.
1920 : Maisons ouvrières - Le Pont Vert à Ecouen, France, etc...

(2) Lettre de Le Corbusier à M. Esnault du 30/03/1923. FLC H 1-2 (51).

(3 / 4 / 5) ibid.

(6) Tim Benton, Les Villas de Le Corbusier 1920–1930, Ed. Sers, Paris 1984.

(7) Œ. C. T. 1, p. 58.

(8) En effet dans les deux modèles de maisons Citrohan, projetés par Le Corbusier, ce sont les façades étroites qui sont largement ouvrantes alors que les façades longitudinales sont peu percées. Œ. C. T. 1, p. 31.

(9) Lettre de la BIP à Le Corbusier du 21/04/1923. FLC H 1-2 (56).

(10) Œ. C. T. 1, p. 61, voir le croquis portant la mention : «Projet des maisons du ‹Square du Docteur Blanche› (la maison de droite n'est pas construite)».

(11) FLC H 1-3 (68) et I 2-15 (152).

(12) Œ. C. T. 1, p. 60.

(13) FLC E 2-7 (151).

(14) Raoul La Roche a été membre des conseils de la Société Helvétique de Bienfaisance et de la Maison Suisse de Retraite. De 1943 à 1954 il est Président du conseil de la SHB.

(15) Courrier de Le Corbusier à La Roche : «je serais très heureux de vous faire attacher votre intérêt aux choses de l'activité contemporaine». FLC E 2-7 (127).

(15) Letter from Le Corbusier to La Roche: "I would be delighted to guide your interest in contemporary matters". FLC E 2-7 (127).

(16 / 17) FLC E 2-7 (129).

(18) FLC E 2-7 (122).

(19) Albert Jeanneret, Le Corbusier's older brother (1886–1973). A musician, and composer of 35 symphonies. He trained as a violinist in the Royal Conservatory in Berlin. He taught in Paris, where, up until 1933, he founded and directed the Ecole francaise de rythmique et d'éducation corporelle.

(20) FLC P 5-1 (193).

(21) Œ. C. V. 1, p. 60.

(22) FLC H 1-2 (11).

(23) Russel Walden, The Open Hand Essays on Le Corbusier, Ed. MIT, Cambridge 1977.

(24 / 25 / 26) FLC H 1-2 (11).

(27) A construction system that was also used during the same year by the same company in the Esprit Nouveau pavilion.

(28) FLC H 1-3 (85).

(29) FLC H 1-2 (33).

(30) This concerns, for example, the plans for the doors and windows, that La Roche requested on many occasions from Le Corbusier. FLC P 5-1 (24).

(31) FLC H 1-3 (88).

(32) FLC H 1-3 (101).
(33) FLC H 1-2 (318).

(34) FLC H 1-2 (321).

(35) FLC H 1-2 (89).

(36) FLC H 1-2 (105).

(37) FLC P 5-1 (145).

(16 / 17) FLC E 2-7 (129).

(18) FLC E 2-7 (122).

(19) Albert Jeanneret, frère aîné de Le Corbusier (1886–1973). Musicien, auteur de 35 symphonies. A reçu une formation de violoniste au Conservatoire Royal de Berlin. A enseigné à Paris où il a fondé et dirigé jusqu'en 1933, l'Ecole française de rythmique et d'éducation corporelle.

(20) FLC P 5-1 (193).

(21) Œ. C. T. 1, p. 60.

(22) FLC H 1-2 (11).

(23) Russel Walden, The Open Hand Essays on Le Corbusier, Ed. MIT, Cambridge 1977.

(24 / 25 / 26) FLC H 1-2 (11).

(27) Système constructif également employé au cours de la même année par cette entreprise dans la construction du Pavillon de l'Esprit Nouveau.

(28) FLC H 1-3 (85).

(29) FLC H 1-2 (33).

(30) Celà concerne par exemple les plans de menuiseries réclamés à différentes reprises par La Roche auprès de Le Corbusier. FLC P 5-1 (24).

(31) FLC H 1-3 (88).

(32) FLC H 1-3 (101).

(33) FLC H 1-2 (318).

(34) FLC H 1-2 (321).

(35) FLC H 1-2 (89).

(36) FLC H 1-2 (105).

(37) FLC P 5-1 (145).

(38) FLC P 5-1 (426).

(38) FLC P 5-1 (426).

(39) L'Art décoratif d'aujourd'hui, Ed. Vincent Fréal, Paris, p. VIII, 1959 reprint.

(40) FLC H 1-2 (231).

(41) FLC P 5-1 (245).

(42) FLC P 5-1 (142).

(43) "To criticise at least one thing concerning the ideas that you put forward on page 280 [concerning the book 'Urbanisme', author's note], I am almost tempted to say that however excellent these theories seem to be, they do appear somewhat 'futurist'". FLC P 5-1 (149).

(44) FLC P 5-1 (192).

(45) FLC P 5-1 (193).

(46) FLC P 5-1 (306).

(47) FLC H 1-3 (359).

(48) FLC P 5-1 (57).

(49) FLC P 5-1 (287).

(50) FLC P 5-1 (209).

(51) FLC P 5-1 (147).

(52) In particular the documentary produced by Fred Boissonnas.

(53) Les Villas de Le Corbusier, op. cit.

(54) FLC P 5-1 (208).

(55) FLC P 5-1 (209).
(56) S. Giedion relates: "Seen for the fifth time, the La Roche house still remains as beautiful as on the first visit", September 1928.

(57) FLC H 1-2 (394).

(58) In this letter, Le Corbusier refers to the Malraux law that authorises buildings to be listed during the lifetime of their creators.

39) L'Art décoratif d'aujourd'hui, Ed. Vincent Fréal, Paris, réimpression 1959, p. VIII.

(40) FLC H 1-2 (231).

(41) FLC P 5-1 (245).

(42) FLC P 5-1 (142).

(43) «Aussi suis-je tenté de dire, pour critiquer au moins quelque chose que les idées que vous émettez sur page 280 [il s'agit du livre Urbanisme, note de l'auteur], quoique excellentes en théorie, peut-être, me paraissent un peu ‹futuristes»». FLC P 5-1 (149).

(44) FLC P 5-1 (192).

(45) FLC P 5-1 (193).

(46) FLC P 5-1 (306).

(47) FLC H 1-3 (359).

(48) FLC P 5-1 (57).

(49) FLC P 5-1 (287).

(50) FLC P 5-1 (209).

(51) FLC P 5-1 (147).

(52) Notamment le reportage réalisé par Fred Boissonnas.

(53) Les villas de Le Corbusier, op. cit.

(54) FLC P 5-1 (208).

(55) FLC P 5-1 (209).
(56) S. Giedion note : «la maison La Roche vue pour la cinquième fois reste toujours aussi belle comme au commencement», daté Septembre 1928.

(57) FLC H 1 02 (394).

(58) Le Corbusier fait référence dans ce courrier à la loi Malraux qui permet de classer les bâtiments du vivant de leurs auteurs.

(59) FLC H 1 02 (394).

(59) FLC H 1-2 (394).

(60) FLC H 1-2 (396).

(61) FLC H1-2 (398).

The Lesson Behind the Villas La Roche-Jeanneret

(1) Cf. the contents of Volume 1 of Œuvre Complète, which shows all the references to this particular typology: Atelier d'artistes - Maison Dom-Ino - Maison Citrohan - Maisons en série etc.

(2) Œ. C. V. 2, 1929/1934, p. 24.

(3) Œ. C. V. 1, 1910/1929, p. 150.

(4) Cf. Bruno Reichlin: Le Corbusier vs De Stijl, in: De Stijl et l'architecture en France, Pierre Mardaga Editeur, Liège, pp. 91 to 108.

(5) Le Corbusier : Où en est l'architecture. L'Architecture vivante, Ed. A. Morancé, 1927, No. 17 p. 11.

(6) The codification of the Five Points as of 1927 is as follows: the pilotis, the roof garden, the open plan, the longitudinal window and the open facade, in this order.
The codification for the Villas La Roche-Jeanneret is reduced to four: the pilotis, the longitudinal window, the roof garden and the glass facade.

(7) Quoted by W. Oechslin in "Cinq Points d'une Architecture nouvelle", in: Le Corbusier. Une encylcopédie, op. cit., p. 92 to 94.

(8) ibid.

(9) Œ. C. V. 1, p. 12.

(10) Œ. C. V. 1, p. 128.

(11) Cf. Jacques Sbriglio, L'Unité d'habitation de Marseille, Ed. Parenthèses, Marseille 1992, p. 56.

(12) Précisions, op. cit., p. 60.

(60) FLC H 1 02 (396).

(61) FLC H 1 02 (398).

La Leçon des Villas La Roche-Jeanneret

(1) Il suffit de regarder la table des matières du volume 1 de l'Œuvre complète qui indique entre 1910 et 1923 toutes les pistes concernant ce travail sur la typologie: Ateliers d'artistes, Maison Dom-Ino, Maison Citrohan, Maisons en série, etc...

(2) Œ. C. T. 2, 1929/1934, p. 24.

(3) Œ. C. T. 1, 1910/1929, p. 150.

(4) Voir Bruno Reichlin, Le Corbusier vs De Stijl, in : De Stijl et l'architecture en France, Ed. Pierre Mardaga, Liège, p. 91 à 108.

(5) Le Corbusier : Où en est l'architecture. L'Architecture vivante, Ed. A. Morancé, 1927, n° 17 p. 11.

(6) La formulation des Cinq points de 1927 est la suivante : le pilotis, le toit-jardin, le plan libre, la fenêtre en longueur, la façade libre. Dans cet ordre et cette hiérarchie.
La formulation concernant les villas La Roche-Jeanneret est réduite à quatre : les pilotis, la fenêtre en longueur, le toit-jardin, la façade de verre.

(7) Cité par W. Oechslin : «Cinq points d'une Architecture nouvelle», dans : Le Corbusier. Une encyclopédie, Ed. Centre Pompidou, Paris 1987, p. 92 à 94.

(8) ibid.

(9) Œ. C. T. 1, p. 12.

(10) Œ.C. T.1, p. 128.

(11) Voir Jacques Sbriglio, L'Unité d'habitation de Marseille, Ed. Parenthèses, Marseille 1992, p. 56.

(12) Précisions, op. cit., p. 60.

(13) ibid., p. 50.

(14 / 15) ibid., p. 45.

(16 / 17) Œ. C. V. 1, p. 65.

(18 / 19 / 20) ibid., p. 128.

(21) Précisions, op. cit., p. 67.

(22) Notebook H. 32 (72).

(23) Le Corbusier, Notes in: Cahiers d'Art, No. 3 1926, p. 51/52.

(24) Le Corbusier, L'Art décoratif d'aujourd'hui, Ed. Arthaud, Paris 1980.

(25) Œ. C. V. 1, p. 60.

(26) FLC H 1-3 (246).

(27) FLC B 1-18 (95.123).

(28) Note that the Modulor was published as an essay by Le Corbusier in 1950.

(29) Le Corbusier, Vers une Architecture, Ed. Arthaud, p. 62.

(30 / 31) Œ. C. V. 1, p. 68.

(32) Cf. Dario Mattéoni: Le Corbusier et la Méditerranée, Ed. Parenthèses, Marseille 1987, p. 81 onwards.

(13) ibid. p. 50.

(14 / 15) ibid., p. 45.

(16 / 17) Œ.C.T. 1, p. 65.

(18 / 19 / 20) ibid., p. 128.

(21) Précisions, op. cit., p. 67.

(22) Carnet H. 32 (72).

(23) Le Corbusier, Notes dans : Cahiers d'Art, N°3 1926, p. 51/52.

(24) Le Corbusier, L' Art décoratif d'aujourd'hui, Ed. Arthaud, Paris 1980.

(25) Œ. C. T. 1, p. 60.

(26) FLC H 1-3 (246).

(27) FLC B 1-18 (95.123).

(28) Rappelons que le Modulor est publié sous forme d'essai par Le Corbusier en 1950.

(29) Le Corbusier, Vers une Architecture, Ed. Arthaud, p. 62.

(30 / 31) Œ. C. T. 1, p. 68.

(32) Voir Dario Mattéoni : Le Corbusier et la Méditerranée, Ed. Parenthèses, Marseille 1987, p. 81 et suiv.

Annexes

Paris le 30 Mars 1923

Monsieur ESNAULT
152,Boulevard Haussmann
PARIS

Cher Monsieur,

Je me permets de vous confirmer ma demande verbale d'hier relativement à trois lots situés dans les rues intérieures du lotissement de Jassin.

Vous m'obligeriez vivement en m'accordant un délai de 2 semaines pour étudier définitivement l'emploi de trois lots contigus à partir du 2ème lot sur une longueur de 40 à 45 m. environ.

Je suis à peu près certain de mener l'affaire à terminaison à ce sujet ; je vous fais savoir que Monsieur Sarmiento désire vous entretenir Mardi prochain à 3 heures 1/2 d'un achat éventuel .

Vous m'obligeriez en lui faisant bon accueil et plus particulièrement en lui cédant ce terrain au prix de 300 Frs le mètre , prix maximum auquel je le crois disposé à acheter .

Le lot de terrains en question qui n'a comme profondeur utilisable que 7 mètres se trouve dans des conditions particulièrement difficile et j'ai l'impression que pour l'employer judicieusement il y a lieu de rompre avec les coutumes habituelles .

Je serais particulièrement disposé à vous faire une étude de toute la rue estimant que vous pourrez donner une plus-value à ces immeubles sacrifiés par une architecture judicieuse avec des plans ingénieux et des façades ayant de l'unité entre elles impeccables .

Je suis persuadé que je pourrais réaliser cette Rue dans des conditions de bon marché bien supérieures aux prix de construction auxquels vous êtes habitués ,grace à l'emploi de systèmes constructifs standard et à des dispositions ingénieuses de plans .
Vous seriez aimable d'étudier ma proposition et je me tiens à votre entière disposition pour vous documenter utilement .

Veuillez agréer , Cher Monsieur,mes salutations les meilleures

CH.E. JEANNERET

F
LG

25bis, rue de Constantine,

Paris, le 13 Mars 1925.

Mes chers amis,

Je viens vous remercier de la lettre que vous
m'avez remise hier soir au moment de l'inauguration de
ma maison, 10 Square du Docteur Blanche.

Cette maison me procure une vive joie et je
vous exprime ma reconnaissance. Vous venez de réaliser
une oeuvre admirable et qui, j'en suis convaincu, marquera une date dans l'histoire de l'architecture.

D'abord elle contient, à différents points de
vue des innovations qu'ont permis les progrès de la
technique mais que, jusqu'ici les architectes n'ont pas
songé à employer; la réussite de ces innovations fera
qu'on les emploiera de plus en plus et grand est votre
mérite de les avoir réalisées.

Mais ce qui m'émeut surtout, ce sont ces constantes qui se retrouvent dans toutes les grandes oeuvres
d'architecture, mais que l'on rencontre si rarement dans
les constructions modernes. Votre mérite de relier ainsi
notre époque aux précédentes est particulièrement grand.
Vous avez "débordé le problème" et fait oeuvre de plasti-
ciens.

En vous confiant la construction de ma maison,
je savais que vous feriez une très belle chose; mon
espoir a été largement dépassé. L'indépendance relative
dans laquelle je vis m'a permis de vous laisser travailler
selon vos idées et je ne puis que me louer du résultat
ainsi obtenu.

Le prix d'un travail comme celui que vous venez
de fournir ne peut être chiffré; si je vous offre, en
conséquence, un petit supplément sous forme d'une   5HP
Citroën, je n'aurai pas le sentiment d'avoir payé ma
dette de gratitude vis-à-vis de vous. Je voudrais plutôt
vous l'offrir comme un souvenir, et comme un instrument
de travail fort utile à des architectes parisiens. Ayez
la bonté de l'accepter comme tel et me dire quel est le
modèle que vous préférez.

Croyez moi, chers amis, votre dévoué

Raoul La Roche

MM. Charles Edouard & Pierre Jeanneret.

F
LC

ADRESSE TÉLÉGRAPHIQUE:
ESLAM-PARIS

TÉLÉPHONE: ÉLYSÉES 04-85
05-03
63-65

BANQUE IMMOBILIÈRE
DE PARIS

J. M. ESNAULT
DIRECTEUR

147, BOULEVARD HAUSSMANN

DIRECTION

N° 2662
à rappeler dans la réponse

Paris, le 31 Mars 192 3

Monsieur JEANNERET
architecte
29, rue d'Astorg

PARIS

Cher Monsieur,

J'ai bien reçu votre honorée du 30 courant et je suis tout disposé à vous laisser le temps nécessaire pour étudier les terrains de notre petite allée.

Je serai de retour à Paris le 9 avril. J'espère que vous serez à ce moment en état de reprendre sérieusement notre entretien d'hier.

Si quelque proposition survenait au courant de la semaine prochaine M. Vallon vous préviendrait.

Veuillez agréer, Cher Monsieur, l'expression de mes sentiments les plus distingués.

E
LG

142

Bibliography / Bibliographie

· Le Corbusier, Œuvre complète :
 Tome 1 1910/1929 (1ère Ed. 1929).

· The Le Corbusier Archives, Ed. Garland Publishing Inc., 1982

· Carnet La Roche, Ed. Fondation Le Corbusier/Electa, 1996.

· Tim Benton : Les Villas de Le Corbusier et Pierre Jeanneret 1920–1930, Ed. Sers, 1984.

· Bruno Reichlin : Le Corbusier VS De Stijl, in :
 De Stijl et l'Architecture en France, Ed. Mardaga, 1985.

· Walden Russel :New light on Le Corbusier's early years in Paris :
 the La Roche-Jeanneret houses, The Open hand MIT, 1977.

Illustration Credits / Crédits Iconographiques

All illustrations reproduced in this book have been taken from the Archives
of the Fondation Le Corbusier, Paris.

Tous les documents iconographiques de cet ouvrage sont issus des archives
de la Fondation Le Corbusier, Paris.

L'Œuvre de Le Corbusier chez Birkhäuser V/A
The Works of Le Corbusier published by Birkhäuser V/A

Le Corbusier
Œuvre complète/Complete Works
8 volumes
Français/English/Deutsch

Volume 1: 1910-1929
W. Boesiger, O. Stonorov (Ed.). 216 pages,
600 illustrations. Relié/hardcover,
ISBN 3-7643-5503-4

Volume 2: 1929-1934
W. Boesiger, H. Girsberger (Ed.). 208 pages,
550 illustrations. Relié/hardcover,
ISBN 3-7643-5504-2

Volume 3: 1934-1938
M. Bill (Ed.). 176 pages, 550 illustrations.
Relié/hardcover, ISBN 3-7643-5505-0

Volume 4: 1938-1946
W. Boesiger (Ed.). 208 pages, 259 illustrations.
Relié/hardcover, ISBN 3-7643-5506-9

Volume 5: 1946-1952
W. Boesiger (Ed.). 244 pages, 428 illustrations.
Relié/hardcover, ISBN 3-7643-5507-7

Volume 6: 1952-1957
W. Boesiger (Ed.). 224 pages, 428 illustrations.
Relié/hardcover, ISBN 3-7643-5508-5

Volume 7: 1957-1965
W. Boesiger (Ed.). 240 pages, 459 illustrations.
Relié/hardcover, ISBN 3-7643-5509-3

Volume 8: 1965-1969
W. Boesiger (Ed.). Textes par/texts by A.
Malraux, E. Claudius Petit, M. N. Sharma, U. E.
Chowdhury. 208 pages, 50 couleur/color, 254
b/n, b/w illustrations. Relié/hardcover,
ISBN 3-7643-5510-7

Le Corbusier: Œuvre Complète/
Complete Works
8-volume set. En cassette/boxed. 1708 pages,
2687 photos, esquisses/sketches, plans.
Relié/hardcover, ISBN 3-7643-5515-8

Le Corbusier 1910-1965
W. Boesiger, H. Girsberger (Ed.). Français/Eng-
lish/Deutsch. 352 pages, 248 photos, 179
plans, 105 esquisses/sketches. Relié/hardcover,
ISBN 3-7643-5511-5

Le Corbusier
Une petite maison
Textes et mise en page par Le Corbusier/writ-
ten and designed by Le Corbusier. Français/
English/Deutsch. 84 pages, 72 b/w illustra-
tions. Brochure/softcover
ISBN 3-7643-5512-3

Le Corbusier
Studio Paperback
Willi Boesiger (Ed.). Français/Deutsch. 260
pages, 525 illustrations. Brochure/softcover
ISBN 3-7643-5550-6

Immeuble 24 N.C. et Appartement
Le Corbusier /
Apartment Block 24 N.C. and
Le Corbusier's Home
Guides Le Corbusier
Jacques Sbriglio (Ed.). Français/English. 120
pages, 67 b/w illustrations. Brochure/softcover
ISBN 3-7643-5432-1

BIRKHÄUSER V/A

Birkhäuser – Verlag für Architektur
Klosterberg 23
P.O. Box 133
CH-4010 Basel
Switzerland